·光明文丛系列·
Guangming Wencong series

湖北民族大学
思想政治理论课教学案例丛书

大学生思想政治理论课教学案例集

——"时代楷模"的故事与启发

胡自爱 ◎ 主编

光明日报出版社

图书在版编目（CIP）数据

大学生思想政治理论课教学案例集："时代楷模"的故事与启发 / 胡自爱主编 . -- 北京：光明日报出版社，2022.9

ISBN 978-7-5194-6577-3

Ⅰ.①大… Ⅱ.①胡… Ⅲ.①大学生—思想政治教育—案例—中国 Ⅳ.①G641

中国版本图书馆 CIP 数据核字（2022）第 072136 号

大学生思想政治理论课教学案例集——"时代楷模"的故事与启发
DAXUESHENG SIXIANGZHENGZHI LILUNKE JIAOXUE ANLI JI——SHIDAI KAIMO DE GUSHI YU QIFA

主　　编：	胡自爱		
责任编辑：	王　娟	责任校对：	慧　眼
封面设计：	李彦生	责任印制：	曹　净

出版发行：光明日报出版社
地　　址：北京市西城区永安路 106 号，100050
电　　话：010-63169890（咨询），010-63131930（邮购）
传　　真：010-63131930
网　　址：http://book.gmw.cn
E - mail：gmrbcbs@gmw.cn
法律顾问：北京市兰台律师事务所龚柳方律师
印　　刷：北京建宏印刷有限公司
装　　订：北京建宏印刷有限公司

本书如有破损、缺页、装订错误，请与本社联系调换，电话：010-63131930

开　　本：	170mm×240mm		
字　　数：	200 千字	印　　张：	13
版　　次：	2022 年 9 月第 1 版	印　　次：	2022 年 9 月第 1 次印刷
书　　号：	ISBN 978-7-5194-6577-3		
定　　价：	58.00 元		

版权所有　　翻印必究

湖北民族大学思想政治理论课教学案例丛书编委会

总主编：徐铜柱

编　委：（以姓氏笔画为序）

冯显德　张严超　张明波

张蔚玲　陈文俊　胡自爱

黄玉红　崔应美

总　序

党的十八大以来，学校思想政治工作和思想政治理论课建设得到前所未有的重视和加强。习近平总书记在全国高校思想政治工作会议上指出，思想政治工作从根本上说是做人的工作，必须围绕学生、关照学生、服务学生，不断提高学生思想水平、政治觉悟、道德品质、文化素养，让学生成为德才兼备、全面发展的人才。思想政治理论课要坚持在改进中加强，提升思想政治教育亲和力和针对性，满足学生成长发展需求和期待。2019年3月18日，习近平总书记在学校思想政治理论课教师座谈会上再次强调：思政课是落实立德树人根本任务的关键课程，思政课作用不可替代，思政课教师队伍责任重大。同时指出，"办好思想政治理论课，最根本的是要全面贯彻党的教育方针，解决好培养什么人、怎样培养人、为谁培养人这个根本问题"。这一重要论述，深刻阐述了思想政治理论课的重要性和办好思想政治理论课的重大意义。

为办好新时代学校思想政治理论课，中共中央办公厅、国务院印发了《关于深化新时代学校思想政治理论课改革创新的若干意见》（2019年8月14日），专门就思政课改革的重要意义、总体要求、课程体系、师资队伍、组织领导等方面做了具体规定，作为指导学校思政课建设的纲领性文件。为此，中共中央宣传部、教育部联合印发《新时代学校思想政治理论课改革创新实施方案》（教材〔2020〕6号），要求充分发挥思政课在立德树人中的关键课程的作用，对新时期如何建好思政课、建设什么样的思政课等问题做了制度性安排，尤其是对思政课的目标体系、课程体系、内容体系、教材体系等做了明确规定，成为新时期建好思政课的实践指南。于此基础上，为进一步加强和细化对高校思想政治理论课的宏观指导，规范组织管理、教学管理、队伍管理和学科建设工作，教育部专门制定并印发了《高等学校思想政治理论课建设标准（2021年本）》（2015年本为第一版），对高校思政课建设的具体内容做了详细的分类，并提出了具体建设标准，为新时代高校思政课建设提供了标准依据。

　　湖北民族大学位于鄂渝湘黔四省（市）毗邻的武陵山复地恩施土家族苗族自治州，长期以来，学校认真贯彻党的教育方针，努力培养适应民族地区发展和国家战略需要的可靠建设者和接班人，办学成果显著。近年来，学校高度重视人才培养质量，全面贯彻落实习近平总书记关于教育工作的重要论述精神，狠抓思想政治理论课的改革创新工作，大力提升思想政治理论课的教育教学质量。马克思主义学院在学习领会落实中共中央办公厅、国务院、教育部等系列文件指示精神的基础上，结合地方实际和学校办学定位以及学科条件，创造性开展与课程相适应的教材体系建设。根据《新时代学校思想政治理论课改革创新实施方案》的课程设置，围绕《马克思主义基本原理》《毛泽东思想和中国特色社会主义理论体系概论》《中国近现代史纲要》《思想道德与法治》《形势与政策》等课程教学质量提升的需要，编写"湖北民族大学思想政治理论课教学案例集"丛书，作为辅助教学的参考资料，以期进一步提高思政课的教学效果。学院组织编写这样一套案例丛书，主要基于以下考虑：一是贯彻中央精神。作为社会主义大学，必须始终坚持党的领导和社会主义的办学方针，时刻与党中央保持一致，用习近平新时代中国特色社会主义思想铸魂育人。二是践行育人使命。思想政治理论课是落实立德树人的关键课程,是解决培养什么人、怎么培养人、为谁培养人的重要阵地,是实现为党育人、为国育才使命的重要方略,因此,推进思政课改革创新,丰富思政课教学案例,成为增强思政课实效性的必然要求。三是提升教师水平。习近平总书记指出,办好思想政治理论课关键在教师,关键在发挥教师的积极性、主动性、创造性。思政课具有政治性、学术性、多样性、时代性、实践性等特征,讲好思政课不容易。组织教师团队,集体研究课程内容,编写相应教学案例,为教师提供了深入学习、集中研讨、学教结合的机会和平台,进而提高教师的教学水平。四是塑造课程特色。作为地方院校,恩施地区具有丰富的红色文化、民族文化、生态文化等资源,俗话说,一方水土养一方人,这里的优秀文化资源独具特色和魅力,通过案例集将其融入思政课堂,增强思政课的针对性和吸引力,使其成为立德树人的重要资源。

值此"湖北民族大学思想政治理论课教学案例集"丛书付梓之际,我们谨向所有参与编辑工作的老师和同仁们、向关注和帮助案例集的专家学者们表示感谢,特别是对出版社的各位编辑的辛苦工作表示诚挚谢意!

绿胡牲

湖北民族大学马克思主义学院院长 教授

2021 年 12 月 12 日

前　言

案例集的构思，源于一次特殊的主题党日，2019 年 4 月第一次听说张富清老人的名字，因为他的事迹而心生敬仰。机缘巧合，4 月的主题党日——特色实践有幸与张富清老人面对面交流。在场的同事、工作人员，无不为老人"隐藏功名、淡泊名利"的精神深深感动。尤其是那句"比起我的战友们，他们都牺牲了，我还有什么理由拿出来显摆"，让人忍不住泪湿衣襟。这也算是入党以来，最为深刻的一次主题党日活动。

后来在思政课教学中，偶然的机会，讲起这次经历，同学们充满期待、满是收获的神情，让我开始思考和探索将类似的案例引入课堂教学。恰遇湖北民族大学发布思政专项课题申报通知，便机缘巧合地促成了案例集成形。

习近平总书记说："信仰、信念、信心，任何时候都至关重要。小到一个人、一个集体，大到一个政党、一个民族、一个国家，只要有信仰、信念、信心，就会愈挫愈奋、愈战愈勇，否则就会不战自败、不打自垮。"[1] 在中国共产党的带领下，我们过着幸福、和平的美好生活。但我们不能忘却千千万万为了理想信念，不惜抛头颅、洒热血的革命烈士；不能忘却一代又一代的中国人，为祖国的繁荣发展、社会进步和人民幸

---

[1] 习近平. 学史明理　学史增信　学史崇德　学史力行 [J]. 求是, 2021 (13): 9.

福忘我地付出。时代楷模正是坚定理想信念跟党走和践行社会主义核心价值观的典型代表，是中华传统美德的奋勇接力者，他们的事迹感人、情操高尚，具有广泛的社会影响力。本案例集的编辑，旨在对时代楷模人物的先进事迹进行收集和梳理，便于思政课教师在课堂引入，从而提升学生课堂参与度，使理论与实际案例相结合，让思政课更具生动性，用新时代大学生喜闻乐见的方式厚植爱国情怀。

本案例集共分为八章。第一章以"我为祖国守边疆"为题，收集了卓嘎、央宗姐妹和王继才、王仕花夫妇，以及魏德友老人三组主人公的事迹，他们都以自己的方式守卫着祖国的边疆，为祖国领土完整、不受侵犯做出了应有的贡献。第二章集体力量彰显中国精神，收集了中宣部表彰的五个时代楷模集体，涉及防风固沙、消防、船舶重工、医疗船、北京优秀志愿者集体。第三章祖国教育事业的奉献者，主要整理了陈立群、张玉滚、张桂梅、曲建武、钟扬五位教育工作者代表的故事，他们用实际行动诠释了"春蚕到死丝方尽，蜡炬成灰泪始干"的师者精神。第四章科技兴国的实践者，包含南仁东、陈俊武、卢永根、黄大年、朱有勇五位科学家，讲述了他们用科技造福百姓生活、用科技延续生命厚度，真正做到将自己毕生所学奉献于祖国和人民需要。第五章扎根基层践行初心使命，整理了李登海、其美多吉、杨春、苏和、李夏五位时代楷模立足基层、奉献自己光和热的感人事迹，他们的职业有公司老板、邮递员、人民警察、退休干部、基层干部，都用自己的方式书写生命华章。第六章党员干部的初心使命，讲述了基层党员的责任担当，包含村支书黄大发、社区书记吴亚琴、吃苦干部柴生芳、带领村民致富的王传喜和电力抢修"活地图"张黎明，甘于吃苦，乐于为民排忧解难，是人民信赖的好干部。第七章热血军人本色，由张富清、朱彦夫、郝井文、杜富国四位军人的事迹整理而成，他们是中国军人的代表，一生践行为祖国、为人民的铮铮誓言。第八章祖国和人民需要的就是人生前进方向，收集了黄文秀、贠恩凤、万少华、杨雪峰因为人民需要，坚定了自己人生的方向，用技术、技艺甚至生命向人民交出共产党人的人生答卷。

每一位时代楷模的故事都是一部理想信念的教科书，让人深受感动和教育。感于笔者能力有限，仅能从自己所理解和感悟的，撰写案例集。初心在于让更多的青年朋友知晓时代楷模的感人事迹，汲取他们可贵的精神品质，努力学习、生活，从而成为更好的自己；也让当下的思想政治教育课，更加生动、有趣，更加真实、感人。本案例集还有许多不足之处，希望得到广大读者的批评指正。

党史百年，历久弥新。正值建党 100 年，谨以此案例集向党的 100 岁生日献礼！

2021 年 12 月

目 录
CONTENTS

第一章　我为祖国守边疆 ·· 1
  案例一　爱国守边的姐妹花：卓嘎、央宗姐妹 ··············· 1
  案例二　将一生献给海防的平民英雄：王继才、王仕花夫妇 ········· 5
  案例三　边境线上的活地图：魏德友 ·························· 9

第二章　集体力量彰显中国精神 ···································· 13
  案例一　八步沙的斗沙人：六老汉三代人治沙造林先进群体 ······ 13
  案例二　"雷锋家乡"的消防兵：长沙望城区公安消防大队 ······ 17
  案例三　恪尽职守的英雄集体：中国船舶重工集团有限公司
　　　　　　第七六〇研究所 ··································· 21
  案例四　希望之舟：海军"和平方舟"号医院船 ··············· 24
  案例五　平凡之中的伟大：北京榜样优秀群体 ················· 29

第三章　祖国教育事业的奉献者 ···································· 36
  案例一　退休而不"休"的校长：陈立群 ······················ 36
  案例二　山乡老师的"老扁担"：张玉滚 ······················ 41
  案例三　红土高原的教育之梅：张桂梅 ························ 47

案例四　"党的声音"传递者：曲建武 …………………………… 51
　　案例五　生命种子的播撒者：钟扬 ……………………………… 55

第四章　科技兴国的实践者 …………………………………………… **62**
　　案例一　中国观测太空之"眼"：南仁东 ……………………… 62
　　案例二　中国石油催化裂化技术奠基人：陈俊武 ……………… 67
　　案例三　赤诚报国的"布衣院士"：卢永根 …………………… 73
　　案例四　心有大我至诚报国的物理学家：黄大年 ……………… 78
　　案例五　科技扶贫的"农民院士"：朱有勇 …………………… 83

第五章　扎根基层践行初心使命 ……………………………………… **89**
　　案例一　执着的农民大老板：李登海 …………………………… 89
　　案例二　雪线邮路的幸福使者：其美多吉 ……………………… 94
　　案例三　刑警队的"定海神针"：杨春 ………………………… 99
　　案例四　黑城风沙的阻挡者：苏和 ……………………………… 104
　　案例五　"全能型"80后纪委书记：李夏 ……………………… 109

第六章　党员干部的初心使命 ………………………………………… **115**
　　案例一　"当代愚公"的"大发渠"：黄大发 ………………… 115
　　案例二　视居民为亲人的社区书记：吴亚琴 …………………… 120
　　案例三　肚子里有"墨水"的吃苦干部：柴生芳 ……………… 126
　　案例四　新时期沂蒙精神的践行者：王传喜 …………………… 132
　　案例五　电力抢修"活地图"：张黎明 ………………………… 138

第七章　热血军人本色 ………………………………………………… **144**
　　案例一　隐姓埋名的突击队员：张富清 ………………………… 144

案例二　中国"保尔·柯察金"：朱彦夫 ················· 149
　　案例三　空中英雄：郝井文 ························· 155
　　案例四　用生命排雷的人民战士：杜富国 ················· 160

第八章　祖国和人民需要就是人生前进的方向 ················ **166**
　　案例一　80后大学生驻村书记：黄文秀 ················· 166
　　案例二　"黄土高原的银铃"：贠恩凤 ··················· 171
　　案例三　大爱仁心抚慰民族伤痛：万少华 ················ 177
　　案例四　一心为民的暖警：杨雪峰 ···················· 182

参考文献 ······································· **187**

第一章

我为祖国守边疆

案例一 爱国守边的姐妹花：卓嘎、央宗姐妹

一、教学案例

父亲的坚守

桑杰曲巴是卓嘎、央宗姐妹的父亲，因为对这片土地的热爱和对祖国的承诺，让他笃定坚守着自己的信念。20世纪50年代，西藏面临深刻的社会变革，在信息不是很发达的年代，"留言"就是主流媒体的背景下，很多老乡赶着牛羊、带着家当，背井离乡。

桑杰曲巴没有"随大流"，自愿留在了玉麦，而且坚信往后的生活不会差了，只会更好。而后，他也用自己的实际行动践行着他内心深处的信念。1962年玉麦成立公社后，他作为负责人；再后来玉麦改为乡了，他又是第一位乡长。农民自己可以为自己的事情做主，这让他具有了高度责任感。每次去县城开完会回家，都会第一时间让放牛的卓嘎、央宗

姐妹回家，给她们传达会议精神。带着姐妹俩缝制"国旗"，举行升旗仪式，在姐妹俩心中种下信念的种子。家与国同在，尽管后来条件改善，政府让他们搬到更好的地方居住，儿子几次示意接他去安度晚年，桑杰曲巴都毅然拒绝。

2001年去世之前还在嘱咐姐妹俩："不要离开，不然这片土地就没有人守了。"

姐妹的传承

父亲去世后，姐妹俩接过戍边接力棒，她们深知，如果这片土地没有人在这里，有可能就守不住了。纵使要忍受孤独，事事都需要自己一一动手，偶尔受伤了因为路途遥远不能第一时间得到救治，只能自己简单包扎和忍耐疼痛；冬季大雪封山，需要拉着牲畜翻越5000多米的日拉山，提前准备充足的粮食，要不然就会挨饿。每日的起早贪黑，已然是姐妹俩生活的日常。

卓嘎接任父亲乡长的担子，玉麦在这期间发生了翻天覆地的变化。2011年玉麦成立了边防派出所，卓嘎在这年辞去了乡长的职务，她再也不用担心国土的安全。现在的玉麦，越来越多的人走出大山，家家户户都用上移动网络和现代支付手段，生活条件、经济收入都有了很大程度的改善和提升。

信念的力量

有些力量会根植于心，溢于言行举止之间。因为桑杰曲巴和卓嘎、央宗姐妹代代相传的坚守，央宗的儿子索朗顿珠大学毕业后，也回到玉麦乡做了一名人民公仆。本来索朗顿珠在成都一滑雪场工作月入过万，有一年藏历新年，母亲打来电话问他是否还记得外公的嘱托？小时候外公带他去巡逻，翻山越岭，用竹做剑，誓死保卫好祖国的边疆，他都记得。

大学毕业后，索朗顿珠坚守着儿时与外公的承诺。作为公务员的他，对玉麦乡的变化如数家珍，最近乡里刚建起了气象观测站和社会保险公共服务平台，还用上了国家大电网的稳定电力，结束了小水电站不稳定供电的历史。"我们的生活越来越方便。"索朗顿珠说，"根据安排，未来还将有更多人搬到玉麦居住。"

二、视角广场

视角一：逆向而行，守卫祖国

"家是玉麦，国是中国"，三代人托起伟大的中国梦。玉麦乡地广人稀，条件艰苦，在所有人都迁出玉麦的时候，卓嘎、央宗姐妹俩的父亲带着她们逆向而行，坚定地守卫在祖国的边疆。小时候不明白父亲为何逆向而行，却忘不了父亲在山头和边界按时升起的五星红旗，父亲担任乡长后，每次县里开完会都要回来给姐妹俩传达会议精神，渐渐地，姐妹俩明白守卫脚下的土地就是守卫国家。父亲临终前说："不要离开，不然这片土地就没有人守了。"这成了姐妹俩以及她们的后辈坚守的誓言。中国梦，是每一个中国人自己的梦，有国才有家，舍小家为大家。最终在大家的共同努力下，玉麦乡成了人们安居乐业的地方，常住人口数量、乡村经济都取得了较好的发展。在祖国的各个边防，都有这样的默默奉献的中国人民。正是有了无数颗中国心的连接，祖国边境才得以安宁，国家才得以快速发展。

视角二：巾帼不让须眉　传递戍边接力棒

父亲去世后，姐妹俩接过戍边接力棒。在玉麦乡，她们经历过寒冬，翻越过无数次的雪山，经历过人烟稀少的荒凉。在卓嘎担任乡长期间，玉麦乡发生了翻天覆地的变化，戍边力量逐渐得到充实，有了人民群众的共同守护，她们也终于安放了那颗爱国之心。2016年央宗的儿子索朗顿珠，放弃外出就业的机会，在母亲的召唤下，毅然回到了玉麦乡传承戍边职责。为国效力，不分性别，不分长幼，因为深知"有国才有家"。接起爱的接力棒，相信正如索朗顿珠说的，"玉麦的明天一定更加美好。""我会一直待在这儿看着她的变化。"彰显了新时代青年对祖国培育的深情回馈。

三、案例讨论

1. 什么是爱国？
2. 爱国，我们能做些什么？

四、案例点评

什么是爱国？习近平总书记说："爱国，是人世间最深层次、最持久的情感，是一个人立德之源、立功之本。"① 爱国我们能做些什么？俄国作家屠格涅夫曾经说过："没有祖国，就没有幸福，每个人必须根植于祖国的土壤里。"爱国就要维护祖国尊严，爱护祖国的每一寸土地。坚定理想信念，把青春热血奉献给祖国。"三人村"的玉麦的发展轨迹，是一家三代人书写的爱国表白书，是爱国主义教育活的教科书。青年是祖国的未来、民族的希望，青年人的样子，就是祖国未来的样子。因此，青年一代要涵养理想，胸怀祖国和人民，努力学习，扎实提升能力，积淀素养，成为将个人理想与祖国发展相融合、有责任担当、不负初心使命的

---

① 白凤国. 挺起共产党人的精神脊梁：与党员干部谈理想信念［M］. 北京：红旗出版社，2019：12.

有为青年。

五、教学建议

1. 本案例适用于高等教育出版社 2021 年版《思想道德与法治》绪论"担当复兴大任　成就时代新人",第一章"领悟人生真谛　把握人生方向",第二章"追求远大理想　坚定崇高信念",第三章"继承优良传统　弘扬中国精神"和第四章"明确价值要求　践行价值准则"相关内容的辅助教学。

2. 教师进一步收集视频和图片,把上述事件做成 PPT,图文并茂,更具有感染力。视频及网址:

中国文明网:奋斗新时代　用一生去守护

http://www.wenming.cn/sdkm/zgyz/yxjl/201811/t20181114_4896523.shtml。

案例二　将一生献给海防的平民英雄: 王继才、王仕花夫妇

一、案例概述

王继才是灌云县开山岛民兵哨所的所长,坚守岗位期间因突发疾病抢救无效去世,他和他的妻子被授予"时代楷模"称号。夫妇二人长年驻扎海岛,甘于吃苦,耐得住寂寞,用自己的青春年华抒写报国华章。习近平总书记对王继才同志先进事迹做出重要指示,强调要大力倡导爱国奉献精神,使之成为新时代奋斗者的价值追求。

"把青春献国防,愿将热血化丹青"是王继才的守岛誓言,也是他对

祖国的承诺。在民族危难之时，我国涌现出了许多民族英雄，他们保家卫国毫无怨言，为了国家鞠躬尽瘁死而后已。改革开放之后，中国社会进入了正轨，但是依然有一些平民英雄，默默地守护，默默地付出，他们在平凡的岗位上谱写人生的不平凡。王继才用32年的孤独、32年的沧桑、32年的无怨无悔，搭上自己的前程和未来，坚守面积不足1.3万平方米但却有着重要国防意义的开山岛。据史料记载，1939年，侵华日军第一个占领的就是开山岛，所以这里就是进入中国的一条要道，必须有人值守和巡查。

王继才夫妇二人，原本过着幸福安稳的生活。王继才是民兵营营长，妻子是人民教师。1985年开山岛部队撤编，设立哨所。但因环境艰苦、条件恶劣，先后几轮调换的民兵，都没能最终坚守下去。最后，王继才的领导找他谈话，希望他能接下这个任务。在亲戚朋友都劝他不要去的情况下，他瞒着自己的妻子上了岛，尽管那时候孩子才不到2岁。

妻子知道后上岛找他理论，看到的景象是：上岛没几天，人消瘦不少，生活起居近乎原始生活。面对妻子的泣不成声，王继才还是坚定守岛的决心，劝说妻子回家照顾好老人和孩子。倔强的妻子回家后没几天，又回到岛上，那句"你守岛，我守你"足以在恶劣生存环境下温暖人心。夫妻二人在岛上没有食物，就生吃随手可得的海鲜，没有火就吃生米，没有水源就喝储存的雨水。就连自己的第二个孩子，都是妻子指挥，王继才亲自接生，孩子落地后，他才放肆地哭出声来，是担忧、是欣喜，也是对妻子和孩子的愧疚。而后，因为忠于祖国，他人生中还有许多遗憾：因为台风未能参加大女儿的婚礼，是他也是女儿的遗憾。除了守岛，他还可能冒着生命危险与违法走私分子做斗争，给过往的渔民提供食品和药品，对处于险境的船只进行施救等。

王继才夫妇这样的平民英雄，用他们的实际行动守护家园，用他们的一生向祖国诉说忠心。他们坚守的不是岛，是国家！哪有什么岁月静好,只不过有他们替你负重前行!我们应该永远铭记这样的平凡英雄,弘扬中华民族精神,为国家出一份力!

二、视角广场

视角一:信守承诺誓守国土

由于哨所成立之初,值守的人都无法承受工作环境和生存环境的恶劣,老政委找王继才希望他能接下这份工作任务,应了这份承诺,他便背井离乡,扎根荒岛。开山岛环境恶劣、生活条件艰苦,岛上长年只有夫妇二人,需要忍受常人所不能忍受的困难和寂寞,这本就是对人性的挑战;深知一诺千金,说到就要做到的意义,对老政委的承诺,对祖国的热爱,让他们克服艰难困苦,誓死守卫脚下土地。

"当代大学生应担当起新时代赋予的历史责任,应当与历史同向、与祖国同行、与人民同在,在服务人民、奉献社会的实践中创造有意义的人生。"① 每个时代有每个时代的责任和使命,新时代大学生要自觉学习王继才夫妇信守承诺的诚信精神和誓守国土的爱国奉献精神。

视角二:静下心做事 成就平凡而伟大的人生

不忘初心,砥砺前行。王继才夫妇一直静心守着承诺和开山岛,需要忍受常人所不能忍受的寂寞,面对常人所不能想象的困难。用一生的行动践行初心不改,誓死守卫国土。

2015年2月11日,王继才参加了在北京举行的军民迎新春茶话会,面对习近平主席的关心和问候,王继才记忆犹新。他当场向习近平主席承诺:"请主席放心,我一定把开山岛守好!"很多人都认为保卫祖国就

---

① 思想道德修养与法律基础 [M]. 北京:高等教育出版社,2018:25.

是做很多轰轰烈烈的大事,殊不知这些不起眼的事情,需要付出更多的毅力,需要耗费更多的精力,创造出的价值远远高于个人奉献的价值本身。大学生要深植爱国情怀,将情感、认知和行动有机结合起来,时刻把国家利益放在首位,理性爱国,用行动爱国。

三、案例讨论

1. 王继才、王仕花夫妻为何能苦守孤岛32年?
2. 结合案例谈一谈大学生如何在爱国奉献中书写人生华章?
3. 当代大学生如何培养爱国主义情怀?

四、案例点评

爱国奉献是中华民族世世代代自强不息的精神财富和力量源泉。多少年来,千千万万中华儿女立足本职岗位,弘扬爱国奉献精神,不讲条件、不求回报、不惜代价,甘愿付出汗水、心血乃至生命,把祖国建设得日益繁荣昌盛。建功新时代、担当新使命,同样离不开爱国奉献精神。人生,只有融入强国强军的伟大事业中,才会更有价值。王继才守岛卫国的先进事迹启示我们:只有以国家安全、人民幸福为己任,激扬爱国志,奉献新时代,才能使奋斗的价值得到升华,人生的意义超越小我,在广阔舞台上绽放最绚丽的青春梦想。

大学生是青年中的骨干力量,是未来知识分子队伍的生力军,是国家的未来和民族的希望。为了完成人民幸福、国家富强和民族复兴的伟大事业,大学生不仅需要培养具有适应现代社会发展的专业技能,还需要培养爱国精神,以提升对社会政治制度的认同感、确立社会主义理想信念、坚定正确的政治立场和政治观念,成为有理想、有抱负、全面发展的合格人才。大学生正处在增长知识、完善自身世界观的重要时期。同时,大学生群体也承载着社会文明进步和发展的重任。只有培养有理想、有担当的青年大学生，国家才有前途，民族才有希望。大学是立德树人、培养人才的地方，是青年人学习知识、增长才干、放飞梦想的地方，大学生一定要上好爱国主义这门必修课，成为国家发展源源不断的后备力量。

五、教学建议

1. 本案例适用于高等教育出版社 2021 年版《思想道德与法治》绪论"担当复兴大任　成就时代新人"，第一章"领悟人生生谛　把握人生方向"，第二章"追求远大理想　坚定崇高信念"，第三章"继承优良传统　弘扬中国精神"和第四章"明确价值要求　践行价值准则"相关内容的辅助教学。

2. 教师进一步收集视频和图片，把上述事件做成 PPT，图文并茂，更具感染力。视频网址：

［2018 年度感动中国人物］孤云心浩然　守岛卫国 32 年的民兵夫妇：王继才、王仕花 https：//www.bilibili.com/video/av44446779/？redirectFrom=h5。

案例三　边境线上的活地图：魏德友

一、案例概述

魏德友是新疆生产建设兵团第九师 161 团退休职工，戍守边防是他一生的事业。他用爱国情怀铸就坚定信念，用脚丈量边境线树立起的无形界碑，深深印刻在国人的心里，更是一份对祖国和人民的承诺。

1962年魏德友和战友转业来到161兵团，与萨尔布拉克结缘，1964年起他开始坚守在新疆边境线上的无人区，50多年如一日，工作所在的组织在20世纪80年代已经撤销了，队友们到条件更好的地方工作，但魏老宁愿不要工资也要保持这一份对祖国和人民的守护。

萨尔布拉克因地理位置原因，气候条件冬寒夏热。冬天积雪厚达1米以上，夏天蚊虫猖獗，加上戍边地区物资匮乏，这份工作是非常人所能够坚持和完成的。边境线就是国界线，每一寸土地都是祖国不可或缺的。魏德友正是抱着这种信念，时刻巡查在边境线上，及时制止人畜抵边，及时解决其他临时突发的危险状况。

其间，他的子女也劝过他们夫妇回家养老，正是对这份土地深沉的爱，他们坚决地留在了边境线。生命遇到危险是常有的事，但都抵不过2003年中哈两国边境界碑和围栏设立时带来的欣慰，至此，之前绵延20万千米的由他的脚步和戍边精神铸就的无形界碑，终于变成了实物可见、触手可摸的中国173号界碑。

二、视角广场

视角一：初心使命显担当

人固有一死，或重于泰山，或轻于鸿毛。毛主席在张思德同志的追悼会上提出"为人民服务"。革命年代，革命先辈们用鲜血和生命守护江山，无畏强敌和牺牲；和平年代，魏德友等新时代的爱国者克服艰难万险，无私奉献地守卫着祖国的边境线。正是千千万万中国人的默默耕耘，我们伟大的国家才得以国富民安，社会经济有序发展，实现全面建成小康社会，并向建设社会主义现代化强国稳步迈进。得初心易，守初心难，这也是魏德友老人身上最难能可贵的地方。他用自己的肩膀肩负祖国边境安危，始终牢记初心使命，放弃回家养老的安逸生活，与日月风霜做伴，见证无形边境线到173号界碑矗立，也深刻阐释了中国人的担当。

视角二：热爱祖国　忠于人民

热爱祖国是每一个中国人根植于心的情怀，魏德友用行动践行对祖国的热爱、对人民的忠诚。他所守护的边境线，原本是没有界线的，他硬是用脚步一遍又一遍丈量那20万千米长的界线，直至173号界碑屹立在边境线上，他热泪盈眶。热爱祖国，忠于人民，他用爱国情怀铸就边境线上"永不移动的生命界碑"。新时代大学生应学习魏德友等"时代楷模"身上的爱国精神和奉献精神，始终将个人理想和国家命运相连接，为实现中华民族伟大复兴中国梦奉献自己的青春力量。

三、案例讨论

1. 魏德友为什么能始终不忘初心，坚持为国戍边信念？
2. 为什么坚持富国和强军相统一？

四、案例点评

魏德友夫妇驻守边疆，不畏风雪和艰难险阻，用生命托起祖国边疆安宁的重任。他们的感人故事阐释了"守初心，担使命"的人生真谛，再次证明坚持富国和强军相统一的重要性。对于个人而言，我们要坚守热爱祖国、忠于人民的初心使命；对于国家来说，我们应坚持富国和强军相统一，贯彻历届领导人关于强军的观点。毛泽东提出："中国必须建立强大的国防军，必须建立强大的经济力量。这是两件大事。"[①] 邓小平提出要走军民结合、军品优先、以民养军的道路，江泽民指出要在经济

[①] 毛泽东军事文集（第6卷）[M]. 北京：军事科学出版社、中央文献出版社，1993：103.

发展的基础上推进国防和军队现代化，胡锦涛强调在全面建设小康社会进程中实现富国和强军的统一，习近平强调："我们要实现中华民族伟大复兴，必须坚持富国和强军相统一，努力建设巩固国防和强大军队。"①该案例是理想信念教育、爱国主义教育比较典型的案例，具有非常重要的教育意义。

五、教学建议

1. 本案例适用于高等教育出版社 2018 年版《毛泽东思想和中国特色社会主义理论体系概论》第十二章第二节"坚持富国和强军相统一的学习"；也可用于高等教育出版社 2021 年版《思想道德与法治》第二章"追求远大理想 坚定崇高信念"相关内容的辅助教学。

2. 教师进一步收集视频和图片，把上述事件做成 PPT，图文并茂，更具有感染力。视频及网址：

①不忘初心守边陲 https：//v. qq. com/x/page/l0336atd1zu. html。

②电影《守边人》。

---

① 习近平谈治国理政（第 1 卷）[M]. 北京：外文出版社，2018：219.

第二章

集体力量彰显中国精神

案例一　八步沙的斗沙人：六老汉三代人治沙造林先进群体

一、教学案例

八步沙曾是当地最大的风沙口，地处河西走廊东段、腾格里沙漠南缘。被授予"时代楷模"称号的八步沙的斗沙人——六老汉三代人治沙造林集体，他们分别是郭朝明、贺发林、石满、罗元奎、程海、张润元。八步沙所处地区的地形和气候条件恶劣，生态环境脆弱，绵延的风沙线犹如蜿蜒的巨龙，以逐步严峻的态势吞噬着农民的庄稼地和联通外界的公路。六老汉的治沙队伍组建于20世纪80年代初，在刚刚解决温饱的年代，不甘心将人们赖以生存的家园拱手让给沙漠，他们毅然担起治沙的重担，用联产承包的方式、以愚公移山的精神改写了当地的生态环境历史。从前，"沙逼人退"；现在，"人进沙退"。38年来，在三代人的治理下，造林21.7万亩，现下管理的育林面积达37.6万亩。治沙成效显著，得益于良好的治沙环境，人民生活环境大大改善，经济收入大幅提升。

明知山有虎，偏向虎山行。六老汉本着党员干部的初心使命和担当，战天斗地，与岁月顽强抗争。沙地里没有房子，他们就着土坑和衣而睡，经历过满怀期待却造林失败，又重新探索治沙方法，直至总结出"一棵树，一把草，压住沙子防风掏"的办法，功夫不负有心人，在第四年的时候，他们终于看到可人的绿色。

接力传承，传递"愚公精神"、传递治沙精神。古语有云："虽我之死，有子存焉；子又生孙，孙又生子，子子孙孙无穷匮也。"治沙六老汉约定把治沙重担一代代传递下去，每家的下一代中一定有一个人坚守在治沙岗位。虽然后代的治沙人中，他们也会羡慕其他青年在城里上大学、在城里务工，但老一辈的嘱托如余音绕梁，时刻坚定着他们坚守治沙岗位的决心。一生只做一件事，一心只挂念一件事，那就是治沙。当看到治理的沙漠里开出花的那一瞬间，幸福的深情，是之前心酸的凝结，也是经历种种辛苦后开出幸福花的满足。

二、视角广场

视角一：践行初心使命　彰显责任和担当

六老汉，其中有党员、有村干部，正是因为他们的身份赋予他们责任和担当。担起党员"为人民服务"的大任，扛起人民生活环境因自然环境恶化而须重建的重担。他们在治沙地上克服生活条件艰苦、沙地种植技术欠缺和自然环境恶劣的困难，一直坚持自己治沙。自己年迈后，他们又说服和感化下一代继续治沙，把治理环境的使命延续下去，以此守住他们为民的初心，勇于担当作为。新时代大学生要接续奋斗，学习六老汉坚守初心的可贵精神，敢于吃苦，甘于奉献，乐于探索和创新。治沙成功后，治沙六老汉和他们的接班人又在探索创新致富的路子，始终把人民需求和人民幸福放在首位。

视角二：发扬主人翁精神　促地方发展

六老汉始终把自己当作主人，积极谋划地区发展，从保护环境着手，到以环境改善带动地方经济发展，切实落实了习近平总书记关于人与自然生命共同体的重要阐述"绿水青山就是金山银山"的发展理念。2005年时任浙江省委书记的习近平说："规划先行，是既要金山银山，又要绿水青山的前提，也是让绿水青山变成金山银山的顶层设计。"改变传统经济模式，在治沙事业上随着技术进步，开拓了机械治沙；在开发致富路子方面，积极探索适合当地的经济物种，积极连接互联网，实现"互联网+"致富模式。活到老，学到老，是人生豁达的心态。

三、案例讨论

1. 八步沙林场"六老汉"三代人治沙造林先进群体的事迹为什么被传颂？
2. 谈谈大学生如何通过参与道德实践引领社会风尚？

四、案例点评

"初心易得，始终难守；使命易晓，致远惟艰。"是共产党员、是村干部的"六老汉"率先垂范、身先士卒，驻守环境脆弱、生态恶劣的八步沙林场，治沙初心始于让百姓过上好日子，最后他们也兑现了承诺，积极探索"互联网+治沙"模式，带动地方经济发展。正如当下最火的一句话：我们接受高等教育的目的是帮助家乡摆脱贫困，而不是摆脱贫困的家乡。新时代青年，要有涵养理想、报效国家的"匹夫之责"，要有回馈家乡、感恩身边人的赤子之心，要有脚踏实地、敢于奋斗的不竭动力。

习近平总书记在十九大报告中指出："青年兴则国家兴，青年强则国家强。青年一代有理想、有本领、有担当，国家就有前途，民族就有希望。中国梦是历史的、现实的，也是未来的；是我们这一代的，更是青年一代的。中华民族伟大复兴的中国梦终将在一代代青年的接力奋斗中变成现实。"肩负民族复兴大任的青年大学生，应学习"斗沙人"六老汉的无私奉献、一心为民、敢于实践探索的优良精神品质。

五、教学建议

1. 本案例适用于高等教育出版社 2018 年版《马克思主义基本原理概论》第七章第三节"共产主义远大理想与中国特色社会主义共同理想的学习"；也可用于高等教育出版社 2021 年版《思想道德与法治》第二章"追求远大理想　坚定崇高信念"，第五章"遵守道德规范　锤炼道德品格"相关内容的辅助教学。

2. 教师可进一步收集视频和图片，把上述事件做成 PPT，图文并茂，更具有感染力。视频网址：

①《时代楷模发布厅》：六老汉三代人治沙造林先进群体 http：//www.wenming.cn/sdkm/8bs6lh/yxjl/201904/t20190401_5061109.shtml。

②［弘扬伟大民族精神］治沙三代人　沙漠变绿洲 http：//www.wenming.cn/sdkm/8bs6lh/yxjl/201904/t20190401_5062253.shtml。

案例二 "雷锋家乡"的消防兵：长沙望城区公安消防大队

一、教学案例

长沙望城区公安消防大队建立于1978年，多年来自觉践行"雷锋精神"，把"雷锋家乡消防兵，竭诚奉献为人民"的誓言牢记于心。"铁打的营盘，流水的兵"，官兵一批又一批地更换，但消防总队的精神始终常青。"雷锋精神的核心，就是一心为民、爱民、便民、利民，为他人着想。长期以来，大队出台了许多便民措施，为企业和驻地百姓排忧解难，提供便利。只要真心为企业、为百姓着想，站在他们的角度去思考，就没有做不好的工作。"望城公安消防大队大队长朱湘春在接受媒体采访的时候说。

接力传递"雷锋精神"

"一根筷子轻轻被折断，十根筷子牢牢抱成团"，消防总队的每一名官兵都是这个队伍闪耀的星星，都在履行建队初心，都在为铸就"时代楷模"集体添砖加瓦。人称"张万能"的岗位能手张定轩，学历不高，但有钻研精神，自学修理。只有高中文凭的他，面对队里价值上百万的消防车出现故障，张定轩翻阅字典查阅英文说明书，找出问题修理好消防车。队友们一直接力资助贫困学生，长大后又资助其他需要帮助的人，接续传递爱心；同时，这支消防队，还坚持为民做好事、做实事，撰写官兵日记；部队坚持实施"五个一"教育：第一堂课是学习雷锋先进事迹并续写雷锋日记,第一次活动是参观雷锋纪念馆,第一本书是《雷锋的故事》,第一支歌是《学习雷锋好榜样》,第一次大会是学习雷锋动员大会。

全心全意尽心为民

"水能载舟,亦能覆舟",民心是水,民心就是初心,民心就是使命。望城区消防总队尽心为民,办实事、办好事。转变工作思路,创新工作理念,紧密结合群众实际和社会实际开展工作。军队出操喊口号,是再正常不过的日常,但长沙望城区消防总队的队员们却坚持"静音出操",究其原因,源于几年前,一位居民来电话说他们出操的声音对家中高考的孩子的作息带来了影响。为此,消防总队还专门推出了"爱民护民五项规定":晨操不喊口号,夜里不拉警报,办事不拖延,求助不推脱,初次轻微违法不处罚。初心为民,一心为民,消防总队的优良作风得到当地群众的一致肯定。但官兵们不止于此,积极结合高科技,创新工作方式方法,坚持落实"让数据多跑路,让群众少跑路",建立便民平台。他们是人民心中最可爱的人,是温暖社会的"时代楷模"。

二、视角广场

视角一:学习和践行"雷锋精神"

"共和国是红色的,我们不能淡化这个颜色。"[1] 我们"要把红色资源利用好、把红色传统发扬好、把红色基因传承好"[2],要讲好党的故

---

[1] 习近平总书记看望文艺界社科界委员的微镜头 "共和国是红色的"[N]. 人民日报,2019-03-05.
[2] 贯彻全军政治工作会议精神 扎实推进依法治军从严治军[N] 人民日报,2014-12-16.

事，传播好党的声音，展示好党的形象。"雷锋精神"是雷锋同志为共产主义事业奋斗终身、投身国家建设事业和为人民服务的精神品质的集合。该大队延续"雷锋精神"，推行"爱民护民五项规定"：晨操不喊口号，夜里不拉警报，办事不拖延，求助不推脱，初次轻微违法不处罚，赢得驻地群众交口称赞；在全省率先开发集在线预约、业务办理、信息查询、知识宣讲于一体的"智能掌上消防APP"便民平台，让数据多跑路，让群众少跑腿，极大提升了群众消防业务办理效能；推出"阳光窗口""绿色通道""预约服务""专家会诊"等便民措施。长期以来大队以"沟通零距离、服务零障碍、执法零过错"，实现了消防行政审批零投诉。

视角二：立足岗位 扎实工作

我们是"爱一行，干一行"，还是像雷锋和望城区支队的官兵们一样"干一行，爱一行"，答案不言而喻。择一事，终一生，要有钉钉子精神，立足岗位，把本职工作落实、落细。为民服务多迈出一步，群众办事就少跑几里路。始终牢记社会主义核心价值观，自觉践行社会主义核心价值观。大学生是祖国的未来和希望，应加强理论知识和专业本领学习，积蓄力量，厚积薄发，为全面实现社会主义建设现代化和中华民族伟大复兴中国梦添砖加瓦。

二、案例讨论

1. 你是如何去践行社会主义核心价值观的？
2. 大学生为什么要学习雷锋精神？

三、案例点评

"雷锋家乡消防兵"，用一身浩然正气，切实践行社会主义核心价值观。核心价值观包含三个层次：一是国家层面，富强、民主、文明、和谐，主要回答我们要建设什么样的国家这一问题，进一步明确了我国的经济发展、政治文明、文化发展和社会进步的目标体系；二是社会层面，自由、平等、公正、法治，是人们所追求的美好社会的凝练和诠释，与党中央提出的"实现国家治理体系和治理能力现代化"目标高度契合；三是个人层面，爱国、敬业、诚信、友善，"有国才有家"，爱国是每个人都应该具备的情怀，敬业才能展现人生价值，诚信是人最宝贵的精神品质，友善是人际交往的必备条件。

新时代青年应主动培育和践行社会主义核心价值观，"既要目标高远，保持定力、不懈奋进，又要脚踏实地，严于律己、精益求精，将社会主义核心价值观转化为人生的价值准则，勤学以增智、修德以立身、明辨以正心、笃实以为功"。

四、教学建议

1. 本案例适用于高等教育出版社 2021 年版《思想道德与法治》第四章"明确价值要求　践行价值准则"，第五章"遵守道德规范　锤炼道德品格"等相关内容的辅助教学。

2. 教师进一步收集视频和图片，把上述事件做成 PPT，图文并茂，更具有感染力。视频网址：

①望城区消防大队纪录片 https：//v.youku.com/v_show/id_XNDA5ODQ3NzYyNA==.html。

②消防公益微电影《雷锋的样子》。

案例三　恪尽职守的英雄集体：
中国船舶重工集团有限公司第七六〇研究所

一、教学案例

　　面对"温比亚"台风带来的极端天气，停靠在中船重工第七六〇研究所的一个国家重点实验平台出现险情。为保障平台安全，中船重工第七六〇所的17名在岗员工，冒着狂风暴雨开始对实验平台进行加固。他们一心保护平台，忘却了个人安危，在作业过程中，3名工作人员黄群、宋月才、姜开斌付出了自己的生命。

　　平台监控摄像，记录了英雄们舍身忘我、一心保护国家重要核心技术的画面。没有人退缩，他们迎着暴风雨前行。他们深知这个实验平台意味着什么，明白这个平台的技术对国家的重要意义，明白平台中的4名保障人员的生命弥足珍贵，所以他们忘我地与狂风暴雨搏斗，艰难地走过平时走过无数次的300米码头，在这过程中3名工作人员不慎卷入海浪中，设法施救失败后，他们的生命定格在风雨夜，但他们不怕牺牲、维护国家利益的伟大精神一直在延续，深刻地影响着世人。

　　"若有战，召必回，战必胜"，这个英雄集体不是青年小伙子，而是退役军人组建的。他们年过花甲，本该在家安享晚年，却坚定地选择了保家卫国。牺牲的烈士宋月才在实验平台工作人员再三请求撤离的要求下，还是毅然坚定地守护平台，没有丝毫撤离的意思。在战友们心中，虽然这份工作杯水车薪，需要面对极大的风险，甚至付出生命的代价，但依旧坚定地选择了守护平台。

第七六〇所顾问张琼在接受采访的时候说:"烈士们的行动,有人可能觉得'傻',但我理解他们,军工人都理解他们,在他们看来,如果没有尽自己最大的努力,试验平台受损,他们会抱憾终生。"

生命接力传续,奉献精神代代相传。英雄事迹传出后,英雄集体的战友主动请缨加入他们的队伍。将生命看得轻,将生命的意义看得很重。实验平台4位工作人员之一的刘子辉,勇敢挽救落水战友,也亲历了3位战友的牺牲,悲痛之余他更加坚定了继续把这份工作干下去的决心。

二、视角广场

责任大于天,使命重于山。为党和国家的事业不畏牺牲、恪尽职守。习近平总书记指出:"今天,衡量一名共产党员、一名领导干部是否具有共产主义远大理想,是有客观标准的,那就要看他能否坚持全心全意为人民服务的根本宗旨,能否吃苦在前、享受在后,能否勤奋工作、廉洁奉公,能否为理想而奋不顾身去拼搏、去奋斗、去奉献出自己全部精力乃至生命。"[①] 中船重工第七六〇研究所抗灾抢险英雄集体,面对危难,将国家利益放在前面,不顾个人安危,不畏牺牲,和狂风暴雨赛跑,只为保护国家重要实验平台和4名保障人员的生命安全。用实际行动践行入党誓言:"随时准备为党和人民牺牲一切。"守卫国家实验平台的责任大于天,共产党人的初心使命比生命更重要,"履职尽责,许党报国",值得所有人敬畏、学习。

三、案例讨论

1. 如何看待国家利益和个人得失?

---

① 白凤国. 挺起共产党人的精神脊梁:与党员干部谈理想信念 [M]. 北京:红旗出版社,2019:18.

2. 如何于平凡中体现爱国主义情怀？

四、案例点评

该案例体现了英雄集体忠于国家和人民、不畏牺牲、恪尽职守的优秀精神品格。有英雄和人民的拥护，国家才能实现快速、有序、和谐地发展。青年一代是全面建设小康社会，实现中华民族伟大复兴的生力军和践行者，坚定理想信念，加强本领学习，提升综合素质和能力，以榜样为力量，磨炼意志。

我们要学习英雄集体对党忠诚的品格。他们临危不乱，将国家利益置于个人安危之前，为保护重要实验平台，迎风暴而上，不畏牺牲，体现了英雄集体对党之忠诚。实现中华民族伟大复兴关键在党，中国历史证明只有共产党才能救中国，只有共产党才能发展中国，这是历史选择的必然。任何时候我们都要维护党的利益，拥护中国共产党的决定。英雄集体的事迹为我们做出了榜样，值得广大青年认真学习和践行。

我们要学习英雄集体立足岗位、恪尽职守。职业没有贵贱、等级的区别，只是社会分工的不同。不论身处何位，都要爱岗敬业，尊重职业道德操守，做好为国家、社会和他人奉献的准备。青年大学生拥有广阔的天地，要将自己的青春梦想和祖国的发展需要紧密结合，将自己个人价值的实现与祖国发展需要紧紧扣在一起，创造属于自己独一无二且意义深远的非凡人生。

五、教学建议

1. 本案例适用于高等教育出版社 2021 年版《思想道德与法治》第四章"明确价值要求　践行价值准则"、第五章"遵守道德规范　锤炼道德品格"，《毛泽东思想和中国特色社会主义理论体系概论》第十四章"坚持和加强党的领导"等相关内容的辅助教学。

2. 教师进一步收集视频和图片，把上述事件做成PPT，图文并茂，更具有感染力。视频及网址：

①中国文明网：中共中央关于追授黄群、宋月才、姜开斌、王继才同志"全国优秀共产党员"称号的决定 http：//www.wenming.cn/sdkm/760/yxjl/201810/t20181031_4880474.shtml。

②《时代楷模发布厅》：中船重工第七六〇研究所抗灾抢险英雄群体 http：//www.wenming.cn/sdkm/760/yxjl/201901/t20190109_4967273.shtm。

案例四 希望之舟：海军"和平方舟"号医院船

一、教学案例

"和平方舟"就是和平使者的代名词，用实际行动传递爱、和平、友谊，阐释生命的真谛是什么，演绎大国的使命和担当是什么。

古有郑和下西洋，为大洋对岸的人民带去瓷器、丝绸、种子和农耕技术；今有"和平方舟"载着医术精湛的军医和充足的医疗设备航行于苍茫大海之中，传递爱、使命和健康。在曾经遭受殖民统治的蒙巴萨港、吉布提港、达累斯萨拉姆港、塞舌尔维多利亚港、吉大港，看见医疗船驶来时，都是高规格礼遇接待。

从2008年入列至今，"和平方舟"医院船已执行7次"和谐使命"任务，航迹远及三大洋六大洲，到访43个国家和地区，为23万余人次提供了免费诊疗服务。

（资料来源：中国文明网 http：//www.wenming.cn/sdkm/hpfz/xjsj/

201912/t20191216_5351829.shtml）

  这期间，许多动人故事如照片胶卷一一呈现。

  2013年菲律宾遭受台风袭击，人民生命安全受到严重威胁。正在检修保养的"和平方舟"接到任务后紧急驰援菲律宾。到达目的地后，遇到一位2岁的孩子，高烧引发抽搐，出现脱水，严重到化验时不能够顺利抽血。"和平方舟"的护士蔡伟萍悉心照料，用棉球擦拭给小朋友降温、喂水，最后挽救了孩子的生命，也挽救了一位丈夫去世独自带孩子的妈妈，给了她生活的希望。告别时，母女俩用国花送别医护人员，以示最高礼遇，对他们的救命之恩表示感谢。

  中国籍散货船"腾达"号的轮机长张海燕也是"和平方舟"的治疗对象，因机器打磨时不小心铁片飞入他的眼睛，眼睛情况开始恶化。幸运的是他遇到了和平方舟，他们迅速搭建生命绿色通道，在海风海浪中方舟医生完成了精细的眼睛手术，保住了张海燕机长的眼睛。圆满完成救援任务后，"腾达"号打出的标语"感谢海军，祖国万岁"是对"和平方舟"医护人员最深沉的感谢。

  马尔代夫一位六指畸形小男孩透出的深深自卑，让麻醉师李鹏印象深刻。对于其他地区来说，做这样的矫正手术是一个小手术，但在小男孩生活的马尔代夫来说是不可思议的。骨科医生主刀，顺利完成手术。小男孩用包着纱布的手挥手道别继续远行的"和平方舟"。再见时，能用汉语说"中国""和平"。言语间，是对"和平方舟"、对医护人员、对中国满满的敬意。

  在墨西哥阿卡普尔科，400多年前，中国商船满载丝绸、香料等，为当地的人民带去了外面世界的精彩；400多年后的今天，"和平方舟"再次抵达这里，带去了精湛的医学技术。古时候被称为"中国之船"，带去繁荣和发展；现在的"中国之船"，带去的是生命、和平和希望。东方大国，用"一叶方舟"为构建人类命运共同体助力，充分展示了大国担当。

二、视角广场

视角一：环球世界　履行医生天职

"和平方舟"是我国一艘建制式远洋医院船,医院船医护人员在大洋上举行宣誓签名仪式时,横幅上滚烫地写着"牢记强军目标、履行和谐使命、当好和平使者",是他们的职责,是他们的使命,是担起国之大任且对祖国的承诺。环球世界,带着对和平的珍视、对生命的敬畏,成了所经国家和地区的生命之光。

船上的医生和各国患者共同经历的难忘故事,让人动容。孟加拉国在船上陈蕾医生手下诞生的婴儿,取名叫作"Chin",孟加拉语就是"中国"的意思。在她诞生时,母亲有心脏病,医生检查完后,深知手术之复杂、并发症之多和风险之大,但他们坚定地牢记"救死扶伤"的天职,不忍一尸两命、见死不救。最终克服重重困难,使得母女平安。汤加王国的大卫·玛卡因意外遭到手枪近距离射击,导致一颗子弹卡在胸膛,带着子弹生活了四年。其间辗转新西兰、美国治疗,因子弹在左侧,靠近心脏,医生都不愿意做手术。中国"和平方舟"的停靠,给他的生活带来了改变。在时代楷模发布会的现场视频连线中,这个高大男人用泪水表达了对中国军人、"和平方舟"医护人员和中国的感激之情。

在这艘船上,还有很多这样感人的故事。就像玛卡在手术台上醒后说的那句:谢谢医生,你改变了我的生活!"和平之舟"的他们履行着医生天职、救死扶伤,也向世界展示着中国军医的自信和担当。

视角二：传递中国力量　展现中国担当

正如"和平方舟"访问刚果(布)时,该国一名高级官员所说:

"军队通常为战事奔波,但中国海军的和平方舟,是为和平友爱而来,超越了国家间制度和种族的差异……"

为世界各国带去和平和希望,向世界人民展示了中国是一个负责任、有担当的大国,为世界的发展递交了中国方案。"和平方舟"在中国和世界各国之间,架起了一座友谊和爱的桥梁,是中国军队强大、中国海军强大,乃至整个中国不断发展强大的见证者,习近平指出:"中华民族实现伟大复兴,中国人民实现更加美好生活,必须加快把人民军队建设成为世界一流军队。"[①] 肩负国家使命的"和平方舟",用一次次的真情对话、一幕幕的感人故事,为世界发展传递中国力量,展示中国负责任的大国形象。

三、案例讨论

1. 请简述"和平方舟"的由来。
2. "和平方舟"有什么样的寓意?
3. 谈谈你对中国强军之路的认识。

四、案例点评

该案例可从多角度展示和分析,具有较强的教育意义。"和平方舟"是新时期中国海军发展理念转变、海军战略从近海防御走向远海防御,海军装备建设中的海军卫勤建设,特别是海军医疗救护队获得较大发展的实际体现。"和平方舟"所到之处,给当地的国家、百姓带去了希望,像一只衔着橄榄枝的白鸽传递着"和平""友好"的福音。和平方舟上的医生和工作人员,一方面他们履行医生天职,救死扶伤,帮助被疾病困扰的各国人民;另一方面他们又肩负国家使命,传递中国声音,展示

[①] 习近平谈治国理政(第2卷)[M]. 北京:外文出版社,2017:415.

中国形象和中国军人的优秀品质，展现中国作为负责任大国的担当。

"人无精神则不立，国无精神则不强。精神是一个民族赖以长久生存的灵魂，唯有精神上达到一定的高度，这个民族才能在历史的洪流中屹立不倒、奋勇向前。"① 该案例是弘扬中国精神的典型，中国精神包含以爱国主义为核心的民族精神和以改革创新为核心的时代精神。"和平方舟"号医院船的事迹是伟大创造精神、伟大奋斗精神、伟大团结精神、伟大梦想精神的完美演绎，同时也延续了华夏五千年优良的思想观念、价值取向、精神风貌。

实现伟大复兴中国梦，我们必须万众一心、凝心聚力，脚踏实地，青年大学生要自觉继承优良传统，努力争做新时代的忠诚爱国者。

五、教学建议

1. 本案例适用于高等教育出版社 2018 年版《毛泽东思想和中国特色社会主义理论体系概论》第十二章"全面推进国防和军队现代化"、第十三章"中国特色大国外交"的辅助教学；还可用于高等教育出版社 2021 年版《思想道德与法治》第三章"继承优良传统　弘扬中国精神"等相关内容的辅助教学。

2. 教师进一步收集视频和图片，把上述事件做成 PPT，图文并茂，更具有感染力。视频及网址：

中国文明网：《时代楷模发布厅》：海军"和平方舟"号医院船

http：//www.wenming.cn/sdkm/hpfz/yxjl/201912/t20191223_5359058.shtml。

---

① 习近平谈治国理政（第 2 卷）[M]. 北京：外文出版社，2017：47-48.

案例五　平凡之中的伟大：北京榜样优秀群体

一、教学案例

中国首都北京，孕育着优秀的中华文化，是中国社会发展进步的风向标。2014年来，北京市开展优秀榜样学习宣传活动，在这中间涌现出一大批优秀市民，他们乐于助人，甘于牺牲奉献，敢于与恶势力斗争，勇于攀登人生和生活的高峰。他们平凡却伟大，他们引领着社会风向，他们用行动谱写生命华章。一个人就是一面旗，一个人就是一个航向标，一个人就是一盏明灯。被授予时代楷模的北京榜样优秀群体，共计50人，每个人都有一个感动的故事，每个人都有一种值得学习、敬仰的精神品质。他们以一己之力，助力北京发展。将个人荣辱得失与国家发展、人民需要紧密相连，用肉身之躯诠释无价之爱——爱人民、爱北京、爱祖国。

人物故事一：环保奶奶——贺玉凤

"妫河弯弯穿过原野，蜂飞呀蝶舞……"环保奶奶贺玉凤哼着歌儿，踏上了去妫河的路途。她每天3趟、4趟地去家旁边的妫河捡垃圾，这是她每天必做的工作。一干就是23年，最开始身边的人都瞧不起她，认为她精神有问题，她遭受无数的嘲笑和冷眼。老公也和她置气，认为捡垃圾让家人没面子，子女也劝她回家养老，承诺每月多给生活费。但她一心想着儿时妫河河水的清澈见底和蓝天白云，保护妫河是她一直的坚守。随着环保观念的普及，人们对她的称呼从"垃圾奶奶"到"环保奶奶"

的转变,也印证着人们从嘲讽到尊重的转变。她一直的坚持,家人都积极地参与环保行动中,孙子也接过了她手里的接力棒。同时,更多的退休人员、学生和其他社会人士加入了她的队伍,并在2013年成立"夕阳传递公益组织",为更多人奉献服务社会提供了平台和支持。

人物故事二:北京蓝守护者——廖理纯

原本是身家数亿的企业家廖理纯,挣钱是他的爱好之一。为了做好内蒙古浑善达克沙地防护,避免北京受到沙尘影响时,他带领无数批志愿者,自愿投入改善浑善达克沙地环境,出钱又出力,育下130余万棵树苗,为北京蓝天种下绿色防护带。他说,"希望能绿化每个人心中的那片荒漠""保护环境是公民的义务"。

人物故事三:坚持义诊暖人心——张晓艳

中日友好医院皮肤科教授张晓艳组建专业医疗志愿团队,深入革命老区、贫困山区,让那里的老百姓在家门口就能见到有名的医生。她说,"当医生的,也就是为病人排忧解难"。2015年3月,她组建"全国社区医疗服务志愿团",各大医院专家积极加入,志愿团队在一年时间内,规模发展到900余人。他们的足迹遍布大江南北,有百姓需要的地方,他们都有可能出现。包括西藏边陲,走过的路有十万里,惠及患者上万人。

人物故事四:科研达人——谢良志

谢良志是生物制药领域专家,他投身医学事业,刻苦钻研15年,为血友病患者带来福音,成功研制出了平价药,为他们带来了希望。"宝剑锋从磨砺出,梅花香自苦寒来。"科研从来都是忍受常人所不能忍受的苦难,最后才能够取得一定的成绩。谢良志把自己全部精力都投入在科学研究上，常年无休，每日超长"待机"。面对取得的成绩，他说："要想做出点成绩，是要用毕生的精力去做的。"

人物故事五："中国芯"制造者——程京

"河山只在我梦萦，我的心依然是中国心……"歌词家喻户晓，现实生活中作为中国工程院院士的程京，真正地在苦心研究"中国芯"。作为中国生物芯片的领军人物，他年轻时回国报效祖国，扎根清华大学狭小的地下室开始研究"中国芯"。多年来在其研究领域，获得数十项自主知识产权的产品和服务项目，研究成果运用于几十个国家。他的研究拉近了我国与西方在技术方面的差距，这本是一件需要持续努力的事情，他的付出缩短了中西方之间的差异。

人物故事六：火箭"心脏"焊接者——高凤林

长征系列火箭是我国重要的运载火箭，发动机是火箭的"心脏"，而高凤林正是我国火箭发动机焊接第一人。火箭升空过程中的任何差错都会带来毁灭性危害，所以火箭制造的各个环节必须慎之又慎。泵前组件，由于技术条件限制，最开始的合格率只有29%，经过高凤林上万次的试验研究，最终将合格率提升到92%。三甲系列运载火箭、长征五号运载火箭的发动机都是由他焊接，作为技术工人，在2014年德国国际发明展上斩获3项金奖，轰动世界。有人说时势造英雄，在他身上，时代给了他机遇，他是那个把握机会、刻苦钻研的"工匠人"。

人物故事七："文化反哺"践行者——张佳鑫

都说父母与孩子是一场渐行渐远的旅行，当下年轻人为了生活外出奋斗，很多老人成为留守老人。90岁高龄的张佳鑫发起组建"夕阳再晨"科技助老项目，像小时候父母教我们牙牙学语、蹒跚学步一样，帮助老人学会手机上网、挂号和电子支付，几年间其项目覆盖 19 个省市 100 余所学校。尊老、爱老、敬老一直是中华民族的传统美德，张佳鑫把这种优良传统结合时代特征落实在了行动上，为老人和现代社会接轨搭好桥梁。

人物故事八："解难书记"——殷金凤

"喊破嗓子不如干出样子"，是"解难书记"殷金凤的工作准则，她工作地点在朝阳区呼家楼街道呼北社区。这里原本是老旧社区，居民之间矛盾多、怨气多，殷金凤带领社区工作人员踏实工作，切实为民做实事，用接待簿——记下居民的诉求、困难和建议，然后——地去落实。用她自己的话说，"这活儿越干越多，越干越累，也越干越充实"。

人物故事九：暖心驾驶员——刘宝中

313 公交车的线路偏远，但驾驶员刘宝中作为唯一的线路驾驶员，坚持"一人一车一线"，不仅做好司机的本职工作，了解线路上困难群众的需求，他还利用下班空余时间帮助独居老人去医院就医、带独居老人看病买药，流动的公交车成了温暖的汇聚地，把爱心、善心、细心洒满车厢和路途。

二、视角广场

视角一：榜样的力量

著名教育学家陶行知先生说过，"德高为师，身正为范"，榜样的力量就是我们前行的动力，也是社会道德风尚的航向标。"北京榜样"优秀群体，来自首都建设的各行各业，有教师、医生、环卫工人、应征入伍的大学生、公交车司机、基层社区书记、一同见义勇为却素不相识的英雄集体等，每一个故事都那么平凡，却又感人至深，让人肃然起敬。社会经济飞速发展的今天，我们需要这样一个一个充满力量的个体，积蓄向上的力量，引领社会道德潮流，营造积极、健康、和谐的主流社会氛围。中国是一个英雄的国家，无论是面对外敌的不屈不挠，还是面对世界事务的中国担当，我们敬畏英雄、崇拜英雄，学习英雄事迹，这是促使我们不断前行的榜样的力量。正如江西省宜春市奉新县澡下镇白洋教学点教师在回答主持人"这么难，您为什么不选择离开"的问题时所说的那样，"我不是因为有希望才选择坚守，而是因为只有坚守了，才有希望"。中国速度、中国力量，都是因为中国人有信念、有坚守，所以英雄辈出，生生不息！

视角二：传递爱和责任 温暖你我他

爱和责任是人类永恒的话题，也是触动人心弦最有劲的力量。"北京榜样"优秀集体里的每一个人每一个故事，都满载着爱与责任，是新时代的道德风向标。

60岁的贺玉凤是延庆地道的农民，因为她对家乡爱的坚守，坚持捡垃圾维护家乡环境，硬生生地把她在乡亲们心中"垃圾奶奶""神经病"的形象，改变成"环保奶奶"。她用自己的爱与责任改变了家人的看法，让家人一起投入环保行动中来，用行动让"信念生发力量，坚守超越平凡"，还成立了自己的环保志愿服务队。"一条线一辆车一个人"的北京313公交线路司机刘宝中，在只有一辆公交车的线路上坚守了10年，乘客只要有需要，他都是放心的嘱托对象，他的爱溢满这条公交线路，他却少有时间陪伴家人，这就是风雨中90岁老人守在路边只为看看她想念的刘师傅最好的解释……

这样的故事在这个集体中有很多,但是他们都是北京城市建设和发展中最平凡的工作者。拥有爱、传递爱,让爱生根发芽,温暖社会,温暖每一个你、我、他。

视角三:做社会主义核心价值观的践行者

党的十八大提出社会主义核心价值观,倡导富强、民主、文明、和谐,倡导自由、平等、公正、法治,倡导爱国、敬业、诚信、友善。社会主义核心价值观让我们进一步发展了对中国特色社会主义的认识,是维护民族精神独立的有力支撑,是中华民族优秀精神基因和文化血脉传递的结晶。实践是检验真理的唯一标准,"北京榜样"的生动实践,就是"社会主义核心价值观"的真理检验。作为中华民族的一分子,每一个中国人都应当自觉践行社会主义核心价值观,用自己的行动充实和丰富其生动内涵。

三、案例讨论

1. 如何看待"榜样"?
2. 作为大学生,我们应该如何践行社会主义核心价值观?

四、案例点评

在"五位一体"总体布局下,建设现代化经济体系,发展社会主义民主政治,推动社会主义文化繁荣兴盛,保障和改善民生,建设美丽中国。随着国家"一带一路"倡议的提出,世界对中国有了更多的期待,中国将作为负责任的大国为世界发展提供更多的中国方案。这也对我们自身的发展提出了更高的要求,良好的社会风气、高度的社会文明、快速的经济发展等,都离不开每个中国人的努力奋斗。"北京榜样"优秀集体，就是汇聚社会各行业、不同年龄段，都同样努力向上、传递爱和责任的群体，值得我们学习和深刻感悟他们的优秀精神品质。授课教师可选择其中与课程知识相结合的人物案例，开展相关课程的教学活动，达到事半功倍、感人至深、润物无声的效果。

五、教学建议

1. 本案例适用于高等教育出版社 2018 年版《毛泽东思想和中国特色社会主义理论体系概论》第十章"五位一体"总体布局；还可用于高等教育出版社 2021 年版《思想道德与法治》第一章"领悟人生真谛　把握人生方向"，第二章"追求远大理想　坚定崇高信念"，第三章"继承优良传统　弘扬中国精神"，第四章"明确价值要求　践行价值准则"以及第五章"遵守道德规范　锤炼道德品格"等相关内容的辅助教学。

2. 教师进一步收集视频和图片，把上述事件做成 PPT，图文并茂，更具有感染力。视频及网址：

①中国文明网：《时代楷模发布厅》：北京榜样优秀群体

http：//www.wenming.cn/sdkm/bjby/yxjl/201902/t20190225_5014174.shtml。

②中国文明网：《焦点访谈》：北京榜样　平凡中有力量

http：//www.wenming.cn/sdkm/bjby/yxjl/201902/t20190225_5014215.shtml。

第三章

祖国教育事业的奉献者

案例一 退休而不"休"的校长：陈立群

一、教学案例

在第 35 个教师节来临之际，中宣部授予贵州黔东南苗族侗族自治州台江县民族中学校长陈立群"时代楷模"称号，授予决定中说道："陈立群同志是贵州省黔东南苗族侗族自治州台江县民族中学校长，原浙江省杭州学军中学校长。他信仰坚定、潜心育人，从教近 40 年，始终全面贯彻党的教育方针，致力于培养德智体美劳全面发展的社会主义建设者和接班人。他乐教善教、思维创新，倡导宏志教育，将爱国情、报国志、强国行融入教学和管理，引导学生立德成人，立志成才。他不忘初心、至诚为民，退休后婉拒高薪聘请，远赴黔东南贫困地区义务支教，3 年多来培养出一支优秀教师骨干队伍，学校办学质量大幅跃升。他心有大爱、无私奉献，支教期间家访并资助 100 多户苗族贫困家庭，足迹遍布台江县所有乡镇，用一举带动更多人开展支教助学。陈立群同志是在优先发展教育建设教育强国实践中涌现出的教书育人楷模，是习近平总书记关于教育工作系列重要论述的坚定拥护者和忠诚践行者，是新时代'四有'好老师的杰出代表……"他用行动践行习近平总书记关于教育的重要论述，始终把师德师风、教风学风、学生成长成才放在首要位置，曾荣获首届全国教育改革创新杰出校长奖、2018年中国教育十大人物等称号。

陈立群始终坚信教育是改变命运之基，一生努力研究教育教学，用"爱与责任"走出教育扶贫的康庄大道，用爱心和温情呵护一代又一代贫困学子的求学梦。在同事眼中，他是精益求精、一丝不苟、细致严谨的"高要求"校长；在贫困生心里，他是和蔼可亲、给予他们力量和希望的"真暖心"老师；在他全力奉献的教育教学领域，他是改革创新的教育先行者。

他是严厉的校长

从教38年、担任校长30年的职业生涯里，他在教育教学和学校管理方面成绩斐然。退休后，多家学校极力高薪聘请，初心使然，他只要解决吃住，不要报酬地选择支教贵州黔东南苗族侗族自治州台江县民族中学，担任校长。后来，在接受采访时他说道："自己从农村里走出来，就是一个想法，我要去就是能够帮一些跟我当时所处的环境差不多的这样一个情况，这样一些孩子，我要去帮他们一把。"来到台江民族中学后，第一次到学生食堂，看到苍蝇四处乱飞，当即决定要改善食堂环境，保障师生饮食安全，把之前的一个食堂拓展到三个。

初到台江民族中学，学校教学环境、老师教学状态、学生学习状态，是让他更为吃惊的事，原本应该安静的自习时间，教室和校园里充斥着打闹嬉戏声，"教师不管，学生不学"。在教育相对薄弱的西部地区，他想挑战自己，给孩子们一次改变的机会。到课堂听课，直接批评不严谨的老师"误人子弟"，一个月内两名上课不够认真的老师被他撤职，这给了一直养尊处优的台江民族中学的老师一记警醒，师德师风和教风学风有了很大改善，形成"你追我赶"、积极上进的良好风气。

他是慈爱的长者

对于学生来说，他是尊敬的老师、威严的校长，也是关心爱护他们的慈祥长者。到了台江民族中学支教后，他利用休息时间进行家访，乘车一个半小时，加上坐船四十几分钟，还得走半小时山路。他是需要帮助的孩子的最坚强后盾。王世珍读高三时她的妈妈得了尿毒症，在她准备辍学的时候，陈立群给了她一千元生活费。虽然王世珍没有收下他给的生活费，但这份心意是对这个孩子最大的温暖。后来，他给王世珍减免了学费，还帮她联系医院给妈妈治病。每次见面的关怀，给了最难处境的王世珍最大的支持。后来王世珍考上了大学，选择了学前教育专业，她希望自己毕业后，也能像陈立群校校长一样教书育人、传递爱和能量。

杭州市长河高级中学是陈立群曾经任教的学校，在这里他创办的宏志班有一名叫董永军的学生。因父亲赌博家里一贫如洗，雨天来送录取通知书的陈立群看见董永军的家庭情况，简陋房屋摇摇欲坠。后来一次放假陈立群陪董永军回家，正好遇上他家房屋倒塌，陈校长对内心空落落的他说"这个家没了，没关系，你在杭州还有一个家，好好读书，以后有能力了，回到这片废墟重建一个家"，这句话给当时无助的董永军莫大的支持。

陈立群说："所有的帮扶总是暂时的，所有的支教总是要结束的，关键在于增强贫困地区教育可持续发展的造血功能。"他用自己的奖金成立学校奖学金，用来奖励学习成绩好的学生。同时，还为台江培养了一大批素质过硬、技术过硬的教师团队。他把学生当作自己的孩子对待，用心、用爱浇灌年轻的学生，在他的影响下，越来越多的台江孩子有了更高远的志向，更多孩子为家乡发展贡献了自己的力量。

二、视角广场

潜心教书育人

习近平总书记在《致清华大学苏世民学者项目启动仪式的贺信（2013年4月）》中提道：教育决定着人类的今天，也决定着人类的未来。人类社会需要通过教育不断培养社会需要的人才，需要通过教育来传授已知、更新旧知、开掘新知、探索未知，从而使人们能够更好地认识世界和改造世界，更好地创造人类的美好未来。

陈立群用自己一生的实践，践行教育初心，潜心教书育人。他创办的首届宏志班，为了资助贫困学生，给他们减免学费，提供生活费，让他们共享社会发展成果，拥有平等的接受教育的机会，首届宏志班学生以优异的成绩回馈了他的艰辛付出。退休后，推掉了高薪酬劳，义务支教西部的台江民族中学，因为他没有忘记自己是农民家庭出身，在农村教育极为重要却也极度缺乏。面对不负责任的教师，他选择铁面无私地处理；面对消极的学风、教风，他积极应对改变。三尺讲台，桃李满天下，也将这份爱和执着薪火相传。

颁奖现场，陈立群的学生们为他献上改编的歌曲："谢谢你做的一切，给了我们无私的爱，曾经竭尽所有把知识给我。我是你的骄傲吗？还在为我担心吗？你牵挂的孩子啊，长大了，感谢一路上有你……"

三、案例讨论

1. 是什么让陈立群放弃高薪扎根农村教育？
2. 在陈立群身上体现出了中国教育者的什么优秀品质？

四、案例点评

人生价值是一种特殊的价值,是人的生活实践对于社会和个人所具有的作用和意义。它分为人生的社会价值和人生的自我价值。人生的社会价值,是个体的人生活动对社会、他人来说所具有的价值;人生的自我价值,是个体的人生活动对自己的生存和发展所具有的价值,主要表现为对自身物质和精神需要的满足程度。

人生的自我价值和社会价值既相互区别又密切联系,互为条件,缺一不可。由于人是一种社会动物,必须生活在一定的社会关系中,所以社会价值是基础。一个人只有为他人和社会做出了贡献,才有资格实现自我价值。因此,自我价值和社会价值之间的关系应该呈正比关系:一个人对社会贡献越大,社会价值就越大,其自我价值也就越大,即自身得到的各方面的满足就越充分。

作为当代大学生,应该从此案例中获得启示:一个人对他人、对社会贡献越大,他的社会价值就越大,由此,他必然会得到他人和社会的更多回报,即它的自我价值就会实现得越充分。因此,在人生过程中,应该把对他人和社会的贡献放在第一位。这是当代大学生应该具有的价值观和人生观。

五、教学建议

1. 本案例适用于高等教育出版社 2021 年版《思想道德与法治》第一章"领悟人生真谛 把握人生方向",第二章"追求远大理想 坚定崇高信念",第四章"明确价值要求 践行价值准则"以及第五章"遵守道德规范 锤炼道德品格"等相关内容的辅助教学。还可用于高等教育出版社 2018 年版《马克思主义基本原理概论》第二章"实践与认识及其发展规律"的相关内容的辅助教学。还适用于高等教育出版社 2018 年版

《毛泽东思想和中国特色社会主义理论体系概论》第十章"'五位一体'总体布局"相关内容的辅助教学。

2. 教师进一步收集视频和图片，把上述事件做成PPT，图文并茂，更具有感染力。视频及网址：

① 《时代楷模发布厅》：陈立群

http：//www.wenming.cn/sdkm/chelq/yxjl/201909/t20190911_5251382.shtml。

② 贵州台江：支教校长陈立群　不为名利　用爱履行责任

http：//www.wenming.cn/sdkm/chelq/yxjl/201909/t20190911_5251662.shtml。

案例二　山乡老师的"老扁担"：张玉滚

一、教学案例

张玉滚是中宣部2018年9月授予的"时代楷模"称号获得者，在此之前，他还获得过"南阳市第三届道德模范""全国优秀教师""全国师德标兵""全国岗位学雷锋标兵"称号，以及"感动中国2018年度人物"。唐代文学家韩愈的《师说》说道：古之学者必有师，师者，所以传道授业解惑也。习近平总书记在全国教育大会上强调：教育是民族振兴、社会进步的重要基石，是功在当代、利在千秋的德政工程，对提高人民综合素质、促进人的全面发展、增强中华民族创新创造活力、实现中华民族伟大复兴具有决定性意义。教育是国之大计、党之大计。① 毛主席1957年在苏联莫斯科对中国留学生讲："世界是你们的，也是我们的，但归根结底是你们的。"② 中华民族重视教育、发展教育由来已久，中国人民深知教育之于国计民生、社会发展、经济建设的重要性。张玉滚作为新时代的教师、校长，虽身在贫困山区，但志在服务祖国教育之大计。

张玉滚与黑虎庙小学的缘起

黑虎庙小学位于河南省南阳市镇平县，崇山峻岭，位置偏远，经济落后，去一趟镇上需要5~6小时，没通公路之前，进城都需要经过悬崖峭壁，危险重重，这便是张玉滚工作几十年的地方。2003年一位教师退休，却又没有新的教师替补，原黑虎庙校长吴龙奇非常着急。吴校长想到自己的学生张玉滚，他有着中专学历，在当时属于学历比较高的人。当老校长来到张玉滚家里时，张玉滚正准备南下谋发展。在老校长的邀请下，他决定到学校看一看。来到学校看到的场景深深地触动了张玉滚的心弦，原本该上课的孩子们，因为没有老师教课，只能四处奔跑、打闹。当被问及是否愿意让张玉滚留下来给他们上课时，学生肯定且期待的眼神拨动了他的初心之弦。纵使他当时还只是一个只有21岁的年轻小伙子，但他选择忘却每月工资少，只有80元；忽略学校条件艰苦，地面坑坑洼洼、桌椅摇摇晃晃。自此便和黑虎庙结下了缘，也在这里扎下了根。

以家为校到以校为家

多为留守儿童的黑虎庙小学，起初午休时间，学生是需要自己生火

---

① 教育部课题组. 深入学习习近平关于教育的重要论述 [M]. 北京：人民出版社，2019：15.
② 毛泽东会见留苏学生 [N]. 人民日报，1957-11-20.

做饭的。心细的张玉滚发现大多数小孩吃的都是半生不熟的饭，一方面孩子们的身体营养跟不上，另一方面饭菜生硬，孩子们的身体消化不了。学校经费捉襟见肘，请专门的食堂工作人员是不可能的。于是，他打起自己妻子的主意。妻子原本是地毯工人，收入可观，可为了学校和孩子们，张玉滚坚持要妻子辞工到学校为孩子们做饭，甚至不惜以离婚相逼。妻子无奈和他一起留在了学校，妻子为孩子们做面，在操作压面机时不慎压坏手指，妻子见人总是将自己的手收进袖口，这让他内心满是自责。就这样，一家人都到黑虎庙，张玉滚给孩子们教授知识，妻子给孩子们做好后勤保障。一家人为学校，坚持着、坚守着，学校也就成了他们自己的家。

扁担到摩托，不变的是初心

初到黑虎庙小学，地段偏远外，学校教师严重缺乏，课程设置只有语文和数学，为了拓宽学生们的视野，张玉滚考虑学校条件，自己开设了一门自然科学课，带学生们到田间地头探索科学的奥秘。由于黑虎庙小学与外界连接的只有山间小路，在接过老校长的接力棒时，张玉滚从老师那里还接过了一根扁担。他用这根扁担挑起孩子们探索世界的重任，书本、试卷等都是在他肩上扛过后才到学生们的手上，山路窄的地方窄到他换个肩膀受力都困难。后来通了乡村公路，他凑钱买了辆摩托车，继续行使"扁担"职责。

初心不易，方得始终。当自己的生活都无以为继时，都会叩问自己这份坚守是否值得？一次带孩子上街办事，孩子看着街上的鸡腿哭闹着要买，张玉滚紧紧揣着办完事仅剩的1元钱无所适从，因为鸡腿要3元。孩子是无邪的，并不知道作为父亲的为难。正是这一次，让他动摇了。听说张玉滚老师要离开了，一位家长连夜跑到他家，恳请他将自己的孩子教授到毕业，要不然他就不准备让孩子上学了。言语间，是家长对他的信任，也是孩子们对他的挽留。他咬牙决定再坚持一下，这一次的坚持，一直持续到现在。因为他的这一次坚持，他带的这个班有4名学生最后考上了大学，走出了大山。

正如张玉滚对学生所说："大山外面很大、很精彩、很美丽，你要想跨过这座大山，看到外面精彩的世界，你就要把每一点知识学会、学透、学好，才能走出更美好的人生。"正是因为有了张玉滚，黑虎庙小学的学生才有了学校、有了家。扁担到摩托，动摇到坚定和坚守，不变的是教书育人、立德树人的教师初心。

二、视角广场

视角一：爱岗敬业，守育人初心

因为热爱所以坚守，张玉滚克服最初教学设施的匮乏、教学环境的艰苦，还要直面工资收入低的现实，学生的期待、家长的信任是对他付出的最好认可。几十年如一日，他坚守在自己的岗位，并为黑虎庙小学的发展尽极限贡献自己的力量。面临大拨老教师退休，学校教学工作即将停摆的现实，他打起了自己侄子的主意，多次劝说侄子回乡任教。正是闯荡好年华的侄子，虽然家中贫困，犹豫中还是回到家乡黑虎庙小学看了看，还带上了自己当时的女朋友余超凤，最终他们留了下来，孩子们有老师教、有课上。"桃李不言，下自成蹊"，他像红烛一样燃烧着自己，照亮着一届又一届黑虎庙学校的学生，始终坚守教师岗位，履行教书职责，坚守育人初心。

视角二：立德树人，守党员初心

对黑虎庙的学生来说，获取知识的主要来源是教师教学，贫困的区域环境使他们通过自学和实践得到的知识相对较少。另外一个重要渠道，是张玉滚的言传身教。开设黑虎庙独有的科学认知课，语重心长地教育引导学生一定要走出大山看世界。就像他说的那样，他愿意做十八弯山路上的一轮明月，来照亮孩子们的前程，希望孩子们用知识改变他们的命运。他用实际行动演绎什么叫立德树人，什么叫初心不改，做到了一名党员对人民群众的初心和诺言。

三、案例讨论

1. 张玉滚的事迹体现了教师哪些优良品质？
2. 作为师范生应该从哪些方面学习张玉滚的事迹？

四、案例点评

古往今来，人们对人生目的的探索从未停止过，思想家们孜孜以求留下了难以计数的答案。在各式各样的关于人生目的的思想中，高尚的人生目的总是与奋斗、奉献联系在一起。大学生只有把自己的人生目的与国家前途、民族命运、人民幸福联系在一起时，才能自觉自愿地把自己的一生奉献于利国利民的事业。

"服务人民、奉献社会"的思想以其科学而高尚的品质，代表了人类社会迄今最先进的人生追求。人民群众是社会历史的主体，是社会物质财富和精神财富的创造者，是社会变革的决定力量，如毛泽东所讲，"人民，只有人民，才是创造世界历史的动力"。服务人民、奉献社会的人生追求，以历史唯物主义关于人民群众是历史的创造者的基本观点为理论基础，指明了人在成长和发展过程中应确立的人生目标和方向。在不同的历史时期，中国共产党人将马克思主义与中国革命、建设、改革的具体实际相结合，阐述了倡导服务人民和奉献社会的人生观的深刻道理。不论在革命战争年代，还是在和平建设时期，服务人民、奉献社会这一高尚的人生追求，熏陶、感染了一代代革命者和建设者，对中国革命、建设、改革事业起到了重要的推动作用。大学生要把为国家和人民事业无私奉献作为人生的最高追求，在服务他人、奉献社会中收获成长和进步。

一个人确立了服务人民、奉献社会的人生追求，才能清楚地把握人的生命历程和奋斗目标。深刻理解人为了什么而活、应走什么样的人生之路等道理。一个人的能力有大小、职业有不同、职位有高低，但只有自觉把个人之小我融入社会之大我，不为狭隘私心所扰，不为浮华名利所累，不为低俗物欲所惑，才能够在推动社会进步中创造出不朽的业绩。一个人确立了服务人民、奉献社会的人生追求，才能以正确的人生态度对待人生、解决实际生活中的各种问题，以人民利益为重，始终对祖国和人民具有高度的责任感，在服务人民、奉献社会中实现自己的人生价值。一个人确立了服务人民、奉献社会的人生追求，才能掌握正确的人生价值标准，才能懂得人生的价值首先在于奉献，自觉用真善美来塑造自己，不断培养高洁的操行和纯朴的情感，努力使自己成为一个高尚的人。

五、教学建议

1. 本案例适用于高等教育出版社2021年版《思想道德与法治》第一章"领悟人生真谛　把握人生方向"、第五章"遵守道德规范　锤炼道德品格"等相关内容的辅助教学。

2. 教师进一步收集视频和图片，把上述事件做成PPT，图文并茂，更具有感染力。视频网址：

①《时代楷模发布厅》：张玉滚

https://v.qq.com/x/page/s0798qqypl9.html。

②风雪担书梦，守望乡村教育，一干17年

https://v.qq.com/x/page/z0841s5xpg3.html。

案例三　红土高原的教育之梅：张桂梅

一、教学案例

来自人民的温暖

"时代楷模"张桂梅出生在黑龙江省牡丹江市，她与云南结缘是因为云南是其姐姐支持边疆建设的地方，后来便在那里扎下了根。她毕业于丽江市教育学院，而后在大理喜洲一中任教。拥有强大精神力量支撑的她，一生却命运多舛。随着丈夫、父亲、母亲相继去世，为避免触景生情，她调离了原岗位到华坪县任教。命运并没有因为她的遭遇而眷顾她更多，张桂梅又被查出来患有肿瘤，这对她来说，无疑是晴天霹雳。在她几乎放弃自己的时候，华坪县的百姓们慷慨解囊，捐款凑钱，帮她渡过了难关。

来自当地百姓的这份温暖和关爱，让她充满力量。回忆这段往事的时候她说道："开妇代会的时候，一位山区来的妇女，把身上仅有的5元钱捐了出来，那天她走了十几里回家。"正是这些感动瞬间，让她虽在与病魔抗争，但仍立下"只要还有一口气，我就要站在讲台上"的铮铮誓言。除了投身教育工作，她还义务当起了当时华坪儿童之家的负责人。

女子高中的由来

张桂梅的认知世界里，她坚信"一个女孩可以影响三代"，在华坪县工作之余,她会接触到贫困家庭、失学或失孤儿童,通过走访学生家庭,她意识到农村女性普遍文化水平较低、受教育程度低。想要真正改变现状,必须提升女性受教育程度,帮助女性转变观念、提升认识。2002年,张桂梅便萌生了创办女子高中的想法,想专门招收贫困山区的女孩,来改变因母亲素质低而培养的下一代大概率素质也低的现状。

俗话说:想着容易,做着难。在筹建女子高中的过程中,教育局的负责人几度劝她放弃,让她等教育局的安排,但她一刻都等不了。自己上县城募捐筹集经费,几年下来只筹到一万多元,几乎快要放弃的时候,她当选为人大代表,她把自己的心声带到了人民大会堂,在党和各界政府的大力支持下,女子高中得以建成。2008年9月开始招生,首届学生96人,中途因条件艰苦,原本只有17名教师的华坪女子中学,9名教师离职。在近乎再次放弃办学之际,党员的身份点亮了她的希望之光。留下的8名教师中,有7名党员。他们手绘党旗,手写入党誓词,坚信有党员的地方就没有解决不了的困难,在第一次重温入党誓词时,当念到"为共产主义奋斗终身"时,她和老师们潸然泪下。正是这份共产党人为党和人民的信念,支撑着她和她的战友们历经千辛万苦依旧坚持初心不改。

今天的华坪女子高中教学质量、学生高考上线率在当地都名列前茅,成了当地学子心目中向往的学校。张桂梅依旧坚持每天早起督促学生学习,每天晚上夜查保障学生安全,学生们在她的带领下,挑灯夜战、夜以继日,最终以优异的成绩回馈党和政府、广大社会和张桂梅以及华坪女子高中的所有老师。

二、视角广场

视角一:立足岗位 初心不改

张桂梅说:"如果非说我有追求,那这个追求就是我的事业;如果说我有期盼,这个期盼就是我的学生;如果说我有动力,这个动力就是党和人民。"她感念自己困难时,华坪县人民对她的关照,自己病愈后一直坚持用自己的力量回馈社会。看见贫困地区女子常常辍学的现状,坚持创办华坪女子中学,亲自做每一位有辍学意向学生的工作,真正地改变了这些女孩子的前途和命运。其中,经历过建校经费难以筹集,学校教师离职,家访路途遥远而需要翻山越岭,甚至摔断过肋骨,也曾跑到田间地头劝说学生要上学等困难。当她在时代楷模发布会现场看到第一届学生制作的感谢视频,她们有的是医生,有的是警察,有的是人民教师,她说她跟革命先辈比起来,她经历的困难和病痛折磨,都是值得的。

感觉自己时日不多的张桂梅,每活一分钟,都认为是赚的,所以她要用有限的时间,挽救更多的农村女孩。每天只休息四五个小时是常态,最早起,最晚睡,把学校所有的事都做周全。立足教书育人岗位,坚持立德树人中心任务,牢记党和人民的嘱托,不忘对党和人民的诺言,于生活的艰难困苦和身体的病痛折磨中,坚守自己的初心使命。

视角二:坚定信念　勇担共产党人使命

"没有共产党,就没有新中国",无数革命先烈和仁人志士在中国共产党成立之初、中华人民共和国成立之时、改革开放和走进新时代之际,坚定理想信念,克服困难,敢于牺牲奉献,我们才能有今天的美好生活。在学校建设遭遇困难,教师离职率超过50%时,在张桂梅实在撑不下去,准备放弃办学之际,她发现留下的8位老师中,有7位是党员,心中瞬间泛起希望之光。也是这一丝的闪念,让他们重燃信心,作为中共党员,更加坚定地坚守在教师岗位。

三、案例讨论

1. 张桂梅身上有哪些可贵品质?

2. 作为大学生，你如何看待张桂梅的人生经历？

3. 大学生如何学习"时代楷模"张桂梅的精神？

四、案例点评

张桂梅的案例，是教师潜心教书育人的先进典型，是中共党员守初心、担使命、践落实的实际例子，也是党员干部落实脱贫攻坚的优秀代表。习近平总书记要求各级党组织"教育引导广大党员、干部筑牢信仰之基、把稳思想之舵、补足精神之钙，自觉做远大理想、共同理想的坚定信仰者和忠实实践者"。[①] 长征途中有人为了战友，让出自己的棉衣而被冻死在长征途中，在上级领导准备问责军需处处长时，发现死者就是军需处处长；反"围剿"失利后，刘启耀与部队失散，但他乞讨为生直至找到组织重新干革命……还有无数的感人小故事，张桂梅就是当代的军需处处长和刘启耀，用自己单薄的身躯，扛起培养祖国合格建设者和接班人的光荣使命，也切切实实将这一使命履行得非常完满。

五、教学建议

1. 本案例适用于高等教育出版社2021年版《思想道德与法治》第一章"领悟人生真谛　把握人生方向"、第二章"追求远大理想　坚定崇高信念"等相关内容的辅助教学。

2. 教师进一步收集视频和图片，把上述事件做成PPT，图文并茂，更具有感染力。视频网址：

时代楷模发布厅：中宣部授予张桂梅"时代楷模"称号
https：//v. qq. com/x/page/z3211zxec2w. html。

[①] 《求是》杂志编辑部. 百年大党再出发［J］. 求是，2021（13）：20.

案例四 "党的声音"传递者：曲建武

一、教学案例

中共中央国务院近日发布《关于新时代加强和改进思想政治工作的意见》中指出：思想政治工作是党的优良传统、鲜明特色和突出政治优势，是一切工作的生命线。高校辅导员是专门从事思想政治教育工作的队伍，肩负培育理想信念坚定、价值观正确、具有责任心和奉献精神的新时代大学生之责。大连海事大学辅导员曲建武就用自己的言行，践行教师育人初心，履行辅导员思想政治教育职责。

辞官当辅导员　守育人初心

曲建武大学毕业后留校在辽宁师范大学担任辅导员，而后担任学校党委副书记、省高校工委副书记，兼任过省教育厅副厅长，前景一片光明的他，毅然要辞去官职，回高校担任辅导员。面对别人的"没有职务，就算要退休了，退休后待遇什么的要差很多"的劝说，他一心只想着现在辞官还来得及，还可以用四年的时间，完整地带一届学生。他说："一生即便一无所有，有学生就有一切"，从最初的辅导员，到教育厅厅级干部，再到辅导员，每一段经历中，他都不忘教师职责，履行育人初心。

作为教育工作者，言传身教、潜移默化、润物无声想来是最好的教育模式。在曲建武的教师生涯中，他刚参加工作时，为了更好地了解学生，在他的第一届学生里挑了3名和他住同一个宿舍，每天近距离接触学生，真正融入学生。

走得再远，我们都不能忘了来时的路，曲建武是新时代优秀教育工作者的缩影，始终坚持"立德树人"中心任务，坚守教书育人初心。

立德树人　以心育人

因为热爱，所以执着。曲建武在自己教书育人的工作岗位上，立德树人，以心育人，真正把学生、学生家庭放在心上。他有一个自己的工作笔记本，本子上密密麻麻地记着学生的生日、家庭住址等信息，每当同学们生日时，他总会以自己的方式为他们送去节日的祝福。

闫沛兴是他的学生之一，刚到校的他有些不适应。在他生日时，他收到了曲建武用微信发来的生日祝福，并说请他吃饭。闫立平在吃饭期间，他说出了自己埋藏很久的心里话，并明确表示想要辍学。了解了学生情况后，曲建武把思想工作做在刀刃上，与学生在心理咨询室长谈两小时，最终挽救一位青年学子因一时的冲动而做后悔一辈子的事情。其间，曲建武表示有空会去他家坐坐，闫沛兴当成玩笑和安慰的一句话，直到曲建武站在他家门前时，他才意识到老师是一个说到做到的人。在与其家人交谈后，曲建武认真地说，希望能把闫沛兴当成自己的孩子来培养，自此之后，曲建武也确实是这样做的。闫沛兴毕业之际，想到祖国最需要的地方去，为解决他的后顾之忧，曲建武自掏腰包给他家修了新房子。

梅世强是受曲建武影响而成为一名人民教师的学生之一，他毕业30年后，曲老师去他家看望他的母亲，母亲见到曲老师后，叮嘱梅世强要做像曲老师一样的好老师，不能忘了曲老师对自己家的恩情。

见缝插针　思想政治教育无处不在

他在工作笔记中写道："一个人只有把他的生命汇入到为整个人类进步的事业当中来，那他才会是永生的。"作为高校辅导员，曲建武与时俱进，不断创新工作方式方法，利用重大节假日、关键时间点，充分运用线上、线下媒介，开通微博、微信、公众号等学生喜闻乐见的渠道，全方位地开展思想政治教育工作。在毛泽东同志诞辰纪念日时，他对同学们说："你们真是恰逢大有作为的年代。为自己是活着，为祖国也是活着，何不活得其所，活得坦然，活得最有价值。那些为人民利益而牺牲的人永远活在人民的心中。不要牢骚，不要抱怨，也不要成为看客。好好努力吧，我的小伙伴们！"

在中西方节假日时，他也能巧妙地将思想政治教育和爱国情怀有机结合，引导学生正确看待中西方节日，充分激发青年学生的爱国情怀。

二、视角广场

视角一：做学生"给力"的辅导员

曲建武说："教育工作者最重要的意义在于培养人，在于帮助学生树立正确的价值观。学生常常说我'给力'，我想，给的应该不只是物质力，更应该是思想力。"曲建武真正践行了辅导员的责任担当，做好了学生的人生导师和知心朋友，真正以学生为中心、为学生服务，切实做到了"一日为师，终身为父"。有人说：干一行，爱一行，专一行，精一行。教师应该乐业、勤业、精业。曲建武怀着强烈的工作热情，辞去官职，沉入基层，不要任何待遇，只要一根教鞭。潜心服务学生成长，教学生成人、成才，是一份豁达的心胸，更是一份大爱的传递。

视角二：奉献于国家教育事业　心系青年学生成长

把每个学生都当成自己的孩子，抓住每一个细微的时机将思想政治教育、理想信念教育娓娓道来，温润如玉，润物无声。那一声"曲爸爸",那一句"曲老师,您永远是我的老师",那一场以父亲的身份送学生走入婚姻殿堂的婚礼,是对曲建武毕生奉献最好的反馈。习近平总书记指出:"教育是提高人民综合素质、促进人的全面发展的重要途径,是民族振兴、社会进步的重要基石,是对中华民族伟大复兴具有决定性意义的事业。"① 曲建武热爱教育事业,心系学生,关爱学生成长,是中国教育事业无私奉献的典型代表。"师者,所以传道授业解惑也。"曲建武在为学生答疑解惑的同时,注重塑造学生正确的世界观、人生观、价值观,真正把青年是祖国的未来记在了心上,所以才会有那句深情的"祖国的事情你来管,你家的事情我来管"!

三、案例讨论

1. 如何看待教师这份职业和肩负的职责与使命?
2. 你在你的老师身上学到了什么?
3. 曲建武老师身上有哪些优秀的品质?

四、案例点评

教师被誉为人类灵魂的工程师,在教育引导学生、塑造学生品格、树立正确人生价值观方面,发挥着重要的作用。因此,无论是高校、中小学,教师的师德师风、教学质量考核、职称评定等,都在对教师各方面的素质做着高标准和严要求。曲建武无私奉献于学生成长成才,扎根教育教学一线,是教师队伍的优秀代表,是广大学生青年学习的榜样,是创办中国特色社会主义大学的实践者。学习曲建武扎根学生基层,潜心教书育人,"一生只做一件事"的执着品质,培养学生把个人理想和价

---

① 人民网,2018年9月4日,http://politics.people.com.cn/n1/2018/0904/c1001-30271201.html?form=rect。

值的实现融入国家理想。当代青年,是生逢其时且肩负时代重任的一代,更应该坚定理想信念,扎实理论知识的学习,到祖国广阔的天地挥洒自己的青春梦想。教师在课堂中引入该教学案例,深刻而让人感动,教育作用显著,发人深省。

五、教学建议

1. 该案例可用于高等教育出版社 2018 年版《马克思主义基本原理概论》第七章"共产主义崇高理想及最终实现"等相关内容的辅助教学;也可用于高等教育出版社 2021 年版《思想道德与法治》第二章"追求远大理想　坚定崇高信念"等内容的辅助教学。

2. 教师进一步收集视频和图片,把上述事件做成 PPT,图文并茂,更具有感染力。推荐视频:

[辽宁新闻] 曲建武:做大学生健康成长的引路人

http://www.iqiyi.com/w_19rsulrnh1.html。

案例五　生命种子的播撒者:钟扬

一、教学案例

2010 年上海世博会的一个巨型建筑"蒲公英"格外显眼,这个蒲公英的建筑用 6 万根亚克力管拼制而成,每根亚克力管里都有一粒种子,整个"蒲公英"巨型建筑中有 6 万颗种子,其中有上万颗由钟扬和他的研究团队提供。钟扬原为中科院武汉职务研究所副所长,2001 年在陈家宽教授的邀请下,因为对教育、对植物研究和对教育培养人的热爱,他义无反顾地来到上海复旦大学生命科学学院任教，从干部到教师的转变，也开启了他的不平凡人生。

与西藏结缘

到复旦大学的第二年赶上复旦大学对口支援西藏项目，第一次来到西藏大学和西藏的他被这里的一切吸引。这里丰富的植被和特殊的地形条件，以及科研设备和人才的缺失，让他坚定了留下来和坚持下去的决心。2001年至2009年间，他都是自掏腰包援助西藏大学，2010年正式成为援藏干部的他，早已往返西藏10年之久。西藏植被丰富，但地形条件恶劣，样本采集难度大，以至于很少有生物学家涉足，国家种质资源库对西藏稀有植物种子的记载少之又少，在世界种质资源库对西藏植物的记载也处于空白。春种、秋收，要想更好地在西藏开展植物种子收集和植物学科学研究，就需要培养西藏本土的科学研究人才，这也成了他和西藏割舍不断的连接线之一。

与种子的故事——植物

钟扬说：人活在世上就要做事，做有意义、有价值的事情。为社会做事，为时代做事，就是最大的意义。种子之于国家、之于人类具有非常重要的意义，正是知其重要性，钟扬也才如此拼尽全力。种子是物种再生和遗传的一种重要载体，没有种子就不能再生，因此种质资源是所有重大研究成果的基础，也是未来科技力量的重要指标。对于西藏物种种子的收集，因难度之大、意义之大，他勇敢挑起重担。在西藏翻山越岭、跋山涉水，遭遇过翻车，亲眼看见悬崖峭壁上的石头滚落到自己所乘的车内；切身体验过因为气温过低，三床棉被都不足以御寒的高原冬天；高原反应的十多种症状，因他频繁进出西藏，所以体验得非常充分，个中滋味应该只有他自己才知道有多难受；因为水土不服，连续腹泻十几天,他却仍然坚持工作;为保证采集种子的科研价值,他每天奔波800千米,早上五六点出发,晚上八九点回来,晚上回住处后还要整理收集的资料,每天睡3小时是常态。

因为坚信"一个基因可以拯救一个国家,一粒种子可以造福万千苍生",所以他不辞辛苦、顾不得自己的身体状况,依旧坚定地要把这件事做下去。

与"种子"的故事——学生

除了种子之外,钟扬最在乎的就是他的学生,采样工作再忙,他也会留出时间和学生讨论问题、研究课题,在复旦大学任教17年间,他培养了百余位研究生。他的实验室里有女研究生、女博士,有人会问女孩子为什么会对这个需要跋山涉水、上天入地且需要有足够吃苦精神的专业感兴趣?这都得益于钟扬教师的育人情怀,他善于把高深的科学理论转化得言简意赅。会在科研采样的路上,分享他的科研、人生、教学经验,当工作中遇到危险时,他总是冲在最前面的那一个。

杨桢是一位肌萎缩症患者,2008年通过复旦大学博士研究生初试考试后,他给钟扬教授发了一封邮件,表达了自己想读博士的决心,钟扬在回复的邮件中明确表示他的身体条件不是被拒绝的原因。入学后,钟扬发现了杨桢行动不便,把他的实验室调整至有电梯的教学楼。做实验慢,钟扬就一直陪着他。在钟扬的细心照顾下,他顺利完成了学业。在杨桢心中,钟扬一直是那个最重要的人。

钟扬说:人生没有绝对,不必等到临终才来回首自己的人生,只要把每个年龄段该干的事都干了,就不负你的人生。他用心做科研,为国家和人类发展做出巨大贡献;他用心培育人才,为学生成长成才保驾护航。直至生命的最后一刻,他都奔波在讲学的路上,把他的生命献给了他最热爱的教育事业。

新时代教育界的追梦人

"在漫长的科考途中，我深深地觉得，这片神奇的土地，需要的不仅仅是一位生物学家，更需要一位教育工作者。"致力于西藏大学生态学科研建设、科研人才团队培养，是他的追求和目标。西藏大学从最开始没有硕士点、博士点，在钟扬老师自掏腰包奖励积极申报项目的老师，到最后成功申报到国家自然科学基金项目，这既是他自身付出的成果，也是他培育学生最好的回馈。2013 年，西藏大学生态学博士点获得批准；2017 年，西藏大学生态学科入选国家"双一流"学科建设名单。从无到有，从有到强，现在这支"地方队"的研究力量已经开始参与国际竞争，在国际相关研究领域占有一席之地。51 岁生日之际，他突发脑出血，就医后，医生建议不要喝酒，按时吃药，不要再进藏，前面的叮嘱他都一一遵守，唯独不进藏他没有做到，出院后的第九个月，他就再次踏进西藏。

正如中国工程院院士陈香美所理解的钟扬："他是真正爱国的，爱他的每一寸土地，正是这种至诚热爱，让他不畏艰险。"

种下科学的种子，待他们生根发芽

钟扬一直义务为上海自然博物馆做展板订正工作，上海自然博物馆图文项目负责人鲍其泂说，当初找到钟扬，没敢奢望他会接下这个要求高但回报少、时间紧却周期长的"烫手山芋"。没想到他二话不说就揽下了。每条不到 200 字的文稿，涉及天文、地质、生物、人文等学科，文字要求兼顾准确性、前沿性和可读性，一天通常只能讨论十几块图文展板。钟扬常和他们一字一句斟酌，他的 50 岁生日就是在自然博物馆的讨论会中度过的。因为经常到博物馆给小朋友们义务科普，他被誉为中小学生喜爱的明星专家、"科学队长"。他心中一直有一份执念，自己小时候翻烂的《十万个为什么》让自己对科学产生了浓厚的兴趣,如果通过自己的讲解能让一部分小朋友对科学感兴趣,那他的付出就是值得的。

听过钟扬讲科普故事的小学生,也已经站上三尺讲台。桃李不言,下自成蹊。这就是种子的传承,这也是种子的生根发芽。

二、视角广场

视角一:教书育人 传递科学的种子

16年间,坚持学术援藏,为西藏的人才培养、学科建设和科学研究做出重大贡献,自掏腰包,支持学生申报课题,只要申报国家级重大课题都给予2000元的奖励;担心西藏学生不适应内地生活,请学生吃饭关心他们,拜托自己在武汉的父母照顾学生。他始终把孩子们的事情放在前面,义务做科普宣讲。上海科技馆自然史研究中心副主任张云飞说,钟扬坚持到他们单位做义务讲解员,目的在于,钟扬认为"把青少年的自然科学普及做好了,未来的话,他们中有一个人,受他的影响,热爱上科学,他就觉得这就是一粒种子"。也是基于此,钟老师承担了整个上海自然博物馆的图文版的中英文版撰写,直接受益人群达到500万人次,也在更多的孩子心中播下了科学的种子。

视角二:探索植物奥秘 留存人类生生不息的种子

在援藏的十几年间,钟扬的脚步遍布西藏最偏远、最艰苦的地区,其间收集了1000余个物种的4000多万粒种子,占到西藏物种的1/5,填补了许多植物学研究中的空白,为人类发展做出重要贡献。种子是富有生命的,每一粒种子都是无限的希望。钟扬就是一位植物生命留存和传播的使者,用脚步日行万里来收集更多自然界的生命传奇。

三、案例讨论

1. 为祖国的繁荣发展,我们能做些什么?
2. 你认为合格的教师是什么样的?
3. 你如何看待"敬业"?

四、案例点评

　　本案例主人公钟扬是坚守教师初心使命、潜心教书育人的典型代表,他也是忠于祖国,扎根科研,不断探索追寻的优秀科学家,用一步一个脚印践行社会主义核心价值观。"人固有一死,或重于泰山,或轻于鸿毛",钟扬就是一位国家利益在前、人类种子使命在心、学生成长发展最重要的,为国家和人民做出重要贡献的科学家和人民教师。我们应该学习他的优秀精神品质,立足岗位显担当,扎根岗位做奉献。新时代青年要相信任何成绩的取得都来自脚踏实地,才能最终享受仰望星空的美好。另外,钟教授慷慨于学生,于自己不拘小节,勤俭朴素的生活作风也值得我们学习。新时代的青年终将担起民族复兴大任,应当砥砺前行,努力开创幸福美好生活,为祖国的繁荣发展奉献青春力量。该案例感人至深,教育效果显著,教师在课堂上加以运用,能加深学生对课堂知识的理解和认同。

五、教学建议

　　1. 本案例适用于高等教育出版社 2018 年版《毛泽东思想和中国特色社会主义理论体系概论》第九章"坚持和发展中国特色社会主义的总任务"的辅助教学;还可用于高等教育出版社 2021 年版《思想道德与法治》第一章"领悟人生真谛　把握人生方向"、第二章"追求远大理想坚定崇高信念"、第三章"继承优良传统　弘扬中国精神"等内容的辅助教学。

2. 教师进一步收集视频和图片，把上述事件做成PPT，图文并茂，更具有感染力。视频及网址：

中国文明网：《时代楷模发布厅》：中宣部授予钟扬"时代楷模"称号

http：//www.wenming.cn/sdkm/sj/201803/t20180330_ 4636893.shtml。

第四章

科技兴国的实践者

案例一 中国观测太空之"眼":南仁东

一、教学案例

> 我不是一个战略大师,我是一个战术型的老工人,我们有太多的工作需要做,尽快地把这台望远镜调整好,用这些成果来回馈公众,回馈国家。
>
> ——南仁东

南仁东毕业于清华大学,在日本国立天文台担任客座教授。1994年他毅然回到祖国,决心为祖国天文事业的发展奉献自己的力量。在南仁东建设世界最大口径射电望远镜(FAST)之前,我国的天文研究基础数据大都来自国外相关领域已经研究过的数据,需要征求他们的同意才能获取资料,天文领域的发展相对缓慢和被动。也正是基于此,南仁东下决心回到祖国，改变现状，为祖国的天文事业发展做点什么。他的这一信念，从回国之初，一直坚守到生命的最后一刻。

万事开头难——选址

南老说：别人都有自己的大设备，我们没有，我挺想试一试。在已有的美国阿雷西博望远镜的基础上，想建设更大口径的射电望远镜，选址非常关键，既要考虑位置，又要考虑地形条件。选址要求地形圆，且没有无线电干扰，参照美国阿雷西博望远镜选址，此次选址需要一个洼地，交通相对方便，才有利于天文望远镜基地的建设。为此，南仁东走遍祖国的西南地区，随行考察的队员大都30多岁，而南仁东已经49岁了。从山坡、悬崖峭壁上滑下来是常事，一次在峭壁上滑下来，幸好半山腰有小树苗将他拦住，否则后果不堪设想。光选址，团队一行翻山越岭就十余年，随行的工作人员内心犯嘀咕，准备打退堂鼓了，他依然很坚定。最终选定坐落在偏远的贵州省黔南布依族苗族自治州平塘县的大窝凼，是300多个备选FSAT台址中的最佳选择，南仁东感慨说这是世界上独一无二的、最适合建设FSAT的地方。其中艰辛，常人难以想象，因为他们的坚持，才有了这一完美的选址。

攻克技术难关——成就"FAST"

选址确定下来后，新的难题又出现了，索网实验失败。因为FAST口径之大，一旦建成后需要承受成千上万次的实验，这就需要基础材料具有非常好的质量。从技术层来说，表面的面板很多，重量超过2000吨，除了上万次的使用率外，还需要能够承受超重的重量。为了找到合适的原材料，南仁东带着团队跑遍大半个中国，在一次去南京时，身体已经出现明显的不舒服，但是他还是忍着不言语，出差照常进行。他说："我感到非常大的压力，是一个新的万里长征的起点，我们有太多的工作需要做。"两年的艰辛探索,他走访几十个厂家,做过上百次的实验,最终在他的主导下研发出了满足要求的索网,使得"FAST"如期开工。

仁者大爱——与工人和农民的情谊

仁者大爱,他是我们望其项背的大科学家,他也是食人间烟火的老工人。70岁的他确诊肺癌,刚做完手术三个月,他又回到了工作岗位。工地的工作室潮湿,但他依旧坚持与工人同吃同住;工地停电三天,他就点着蜡烛翻看资料。锲而不舍,却又以身作则,始终与工人、农民在一起。他被工人们誉为自己的亲人,常常与工人聊天,从北京回贵州时,会给工人们带上自己精心挑选的衣物和水果,也会给一起工作的工人起绰号、开玩笑,偶尔唠唠嗑,说说心里话。

最开始选址大窝凼时,这里不通水、不通电、不通路,在当地政府和人民的大力支持下,农民徒手修路,硬是修了13千米多。他心里总是惦记着这里的人民和他们的生存和发展,当他意外发现当地小学一名学生家庭贫困时,他自掏腰包资助了这位学生,后面又陆续资助了好几位家庭困难的学生。他时常挂在嘴边的话是:"如果将来项目没有争取成功,你怎么交代?欠了国家的、乡亲的,我有退路吗?"

随着"FAST"项目的建成,原本贫穷落后的地方,摇身变成了科技小镇,被誉为"十大科技旅游胜地"。给这里的社会、经济、文化发展按了快进键,也给人民生活带来了翻天覆地的变化。他对工人、农民深厚的情谊,转变成了实实在在的变化。

与时间赛跑,燃尽生命的光和热

早在癌症确诊并完成手术后,他本来可以好好休息一段时间,但是三个月不到,他就奔赴一线工作岗位,面对同事让他休息的劝说,他说他没有时间休息;他的办公桌是面向白墙的,为的是避免窗外景致耽误了他思考的时间；高龄的他，每天都会戴着安全帽，爬上建筑勘察建设情况；他甚至立下誓言"有生之年，要是建不成的话，我就从这里跳下去"。科学家的执着、科学家的探索精神，他集于一身。他拼尽全力，与时间赛跑，与病魔赛跑，与人的成长发展规律相抗衡，只为不负国家、不负人民。

二、视角广场

视角一：追求创新、敢于突破

"等 FAST 望远镜建成之后，我想咱们就能着手开展对脉冲星的系统研究。"南仁东曾对学生表露过这样的心声。但就在 FAST 建成之前，疾病带走了他的生命。回顾他的一生，他全心全意投入科学事业，敢于尝试，敢于创新，敢于在平凡中创造奇迹。无数次的入深山考察选址，无数次的试错研究建设材料，拖着带病的身躯无数次与 FAST 建设高架亲密接触……这中间的种种困难、种种情愫，无法用言语来精确表述。时间是最好的见证，FAST 建成调试过程中，就发现了脉冲星，这对南老毕生的付出也是最好的回馈。

视角二：坚持梦想，常记祖国和人民的恩情

有梦想谁都了不起，"二十二载风雨路，一缕忠魂报家国"。南仁东坚守初心，不忘使命，与病魔抢时间，用生命书写科学家报效祖国的赞歌。确诊肺癌到医院动过手术后，身边的亲人、朋友、同事、施工现场的工友都劝他注意休息，他却说现在很忙，没有时间休息。他就是这样一个对自己很苛刻，但是对身边的人总是充满热情的人，给工友带水果、买衣服，资助贫困学生……这些细微的事情，又彰显了大科学家的人间

烟火气。少年时的他也曾英姿飒爽、风度翩翩,在准备筹建 FAST 时,他衣着朴素,一心只忙科研事业。坚持他的 FAST 梦,直至最后梦想实现。

三、案例讨论

当我们在缅怀南仁东时,该学习他的哪些精神品质?

四、案例点评

习近平总书记说:"现在,我们比历史上任何时期都更接近中华民族伟大复兴的目标,比历史上任何时期都更有信心、有能力实现这个目标。"① 南仁东用 23 年的时间促成 FAST-500 米口径球面的世界最大射电望远镜建成,他的这种驰而不息、久久为功的精神是为工匠精神,也正是我们实现"两个一百年"奋斗目标和中华民族伟大复兴的"中国梦"所不可或缺的强大助力。当我们缅怀南老的时候,该向他学习什么呢?当下,很多青年大学生缺乏的就是这种持之以恒、锲而不舍的精神,遇到困难就逃避,面对挫折就放弃,没有上进心、没有人生规划和目标。南老的事迹,教会我们敢于追求梦想,锲而不舍,不轻言放弃;教会我们敢于开拓创新,永攀创新高峰,敢为人先,敢想敢做,具有争创一流的精神;教会我们"淡泊名利,宁静致远",以祖国发展需要为己任,甘于奉献。课任教师在教学过程中,以南仁东的事迹为例,可教育引导学生坚定理想信念,将自己的理想抱负与国家前途命运紧密相连,在实现社会价值的同时实现个人价值。

五、教学建议

1. 本案例适用于高等教育出版社 2018 年版《马克思主义基本原理概

---

① 习近平谈治国理政(第一卷)[M].北京:外文出版社,2018:35-36.

论》第七章"共产主义崇高理想及其最终实现"的学习；也可用于高等教育出版社 2021 年版《思想道德与法治》第二章"追求远大理想　坚定崇高信念"、第三章"继承优良传统　弘扬中国精神"、第五章"遵守道德规范　锤炼道德品格"的辅助教学；也适用于高等教育出版社 2018 年版《毛泽东思想和中国特色社会主义理论体系概论》第九章"坚持和发展中国特色社会主义的总任务"等内容的辅助教学。

2. 教师进一步收集视频和图片，把上述事件做成 PPT，图文并茂，更具感染力。视频网址：

【时代楷模】南仁东：铸大国重器　探星辰大海

http：//tv.cctv.com/2017/11/18/VIDE18sZJWzhYKdcpY3LV1Ja171118.shtml。

3. 建议学生进一步阅读书籍《中国天眼：南仁东传》。

案例二　中国石油催化裂化技术奠基人：陈俊武

一、教学案例

我们国家现在处在一个非常好的时代，中国各方面的形象更加突出，前进的步伐也更加明显。希望更多的年轻同志踩在我的肩膀上，成长得更快、更高，在科技创新这条道路上奋勇前进，成就大我、至诚报国！

——陈俊武

催化裂化技术之梦的萌芽

新中国成立之初,百废待兴。22岁的陈俊武从北京大学工学院应用化学专业毕业,万众期待的大学生应该会选择一份"高大上"的工作吧!但他的选择却让人大跌眼镜,他来到辽宁抚顺一个日本人建造的石油厂。大二参观日本在辽宁抚顺建立的石炭液化厂的经历,在他心中种下了一个"石油梦"。他被工厂里面当时先进的技术所吸引,就是通过这个厂,日本造出来汽油、柴油等,为国家和人民的生产和生活创造了便利。对于当时经济落后的中国来说,掌握这门技术非常必要。参观结束后,他在自己的随笔《抚顺行》中写道:"我将永远怀恋抚顺,抚顺留下了我美丽的梦。"这也是让他毅然来到这个工厂的原因,他立志在这方面有所学、有所成绩。即使他在这个工厂等待了一年,才正式上岗工作。

用笔头攻破技术难关

在学习炼制人造油进行得如火如荼的时候,大庆油田开发成功,原来学习的人造油炼制技术不适用于炼制天然油。天然油的炼制工艺要复杂得多,按照之前的技术,只能炼制出很少的汽油和柴油。西方的催化裂化技术能够使70%的重油变成汽油和柴油,这让陈俊武很感兴趣,开始组织厂里的工人收集资料,学习技术。与学习技术热情高涨相对应的是艰苦的生存环境,当时正处在三年自然灾害时期,他的妻子因吃不饱饭犯了浮肿病。就在这样恶劣的条件下,陈俊武和他的团队用一把小小的尺子计量出海量数据,绘制了上千份的图纸,每个数据他都要亲自把关,生怕出现任何纰漏。在这样严谨的工作状态下,保证了我国自主研发、自行设计、自行施工安装的催化裂化装置一次投产成功,中国人终于可以自主炼制汽油和柴油了,摆脱了之前的被动局面,大大缩短了与世界先进水平的距离,具有里程碑意义。自此,陈俊武被誉为"中国催化裂化工程技术奠基人"。

活到老　学到老

"我们高科技的人，需要什么就学什么"，陈俊武刚入石油厂时，想要学习的资料是日语版的，他就自学日语；他精通英语就像熟悉汉语一样，俄语、德语都不在话下。正是有这种刻苦钻研的精神，他才能够带领团队攻破技术难关，才能在艰苦条件下成功掌握催化裂化工业装置技术。十一届三中全会后，全国掀起了创新高潮，陈俊武也是创新队伍中的一员，开始思考同轴式催化裂化装置。升级版装置虽有原来的基础，但是工艺大有不同，造价低、产量高，对技术要求大大提高。开始筹建过程中，也有许多反对的声音，担心技术不成熟，造成重大安全生产事故。在陈俊武的精心验算下，1982年同轴式催化裂化工业装置在兰州建成投产，并取得了非常好的经济效益，把我国的炼油技术再次往前推进了一大步。

传道授教　传承科技精神

自己会不算会，陈俊武要把自己毕生积累传授给更多的石油行业的科技工作者，让他们在自己掌握的基础上，再创造新的成绩。为此，他举办了高级研修班，总共3期，为期10年。没有设置门槛，但是入学时有严格的入学考试，考试内容让参考人员对自己产生了怀疑——我是否还适合做催化裂化工作和技术研究？进入研修班后，更有近乎苛刻的教学模式，每人都将领一份"私人订制"的、为期三年才能完成的"大作业"，每个人交的作业本多达300页，但陈俊武会逐一检查、批改每一个学员的作业，这是常人无法想象的庞大工作量。执着执教的精神，本着对学生成长负责、对祖国发展负责、对石油催化裂化工业负责，用一生传承"大国工匠"精神。

陈俊武说："出于科学家的责任，我愿意去学习过去不熟悉的知识，争取提出一些对国家、对大局有益的论据和建议……我从20多岁就开始搞创新，几乎没有一天停歇过。我已经比60岁退休的同志多工作了30年，今后还会继续思考下去，继续保持工作状态……"他是这样说的也是这样做的，年近百岁的他依然坚持每天打卡上班，在家人的极力劝说下，才改成每周上三天班。老骥伏枥，志在千里。因为祖国需要、人民需要，有条件要上，没有条件创造条件也要上。自己辛苦不算什么，他以为国家创造效益而觉得是一件高兴和自豪的事。最终，他也是那个将个人抱负、前途和命运，与国家需要、国家的前途和命运紧密联系起来的人。

正如他在92岁生日当天，寄语高研班学员说的那样：人生在世不过七八十年，为了活得有意义，为社会的奉献要大于索取，一生才灿烂辉煌，我们应该在这短暂的人世间，做个有意义的世间人。

二、视角广场

视角一：坚守初心使命　为祖国发展奉献一生

他是催化裂化技术的奠基人；他是初出茅庐便眼里只有"石油"，并为之奉献一生的资深院士；他是自年轻就不怕苦、不惧危险，"古巴导弹危机"就在身边，却仍然坚持学习的求知者；他是92岁高龄，直至生命的最后，仍然执着于事业的忘我工作者。2016年"七一"讲话中，习近平总书记十次提到"不忘初心、继续前行"，陈俊武年轻时因为看到国家的需要，择一事，便终其一生，为我国石油技术的发展做出了突出贡献。个人看淡名利，出行不讲排场，甚至鼓励晚辈站在他的肩膀上——甘当人梯，用一生的行动书写"科技报国"四个字。新时代青年拥有新的发展机遇和机会，我们应该立足国家需要，将个人价值的实现与祖国的繁荣发展紧密地结合起来，用青春梦助力中国梦，为实现社会主义现代化添砖加瓦。

功成名就，总会面对各种纷扰。看重什么、看淡什么，坚守什么、舍弃什么，就像一把无形之尺，丈量品格的厚薄，标示境界的高低。陈俊武看重的是祖国石油化工事业的发展进步，看淡的是个人的荣誉地位；坚守的是振兴祖国石油化工的初心，舍弃的是个人的待遇排场。科技报国，无怨无悔，甘为人梯，淡泊名利，这正是一名共产党员的本色。

（新华网：新华时评《最是情怀动人心》 韩朝阳 2019年10月9日）

视角二：生命不息 创新不止

"改革创新是当代中国最突出、最鲜明的特点。"① 正是有老一辈不断地坚持创新，才有今天的辉煌成就。陈俊武院士审时度势，把握能源发展的时代格局，与时俱进地开展相关科学研究，为国家在能源方面的发展做出了突出贡献。20岁开始创新，60岁退休后，又继续坚持工作、坚持创新了30年，暮年仍然坚持每天到办公室工作，查资料、做课题，用一生书写创新的华章。

因为有创新，才会有进步。中国落后的近代史和现在为世界发展提供中国方案，无一不在说明创新的重要性。大学生是富有朝气和创造力的群体，是未来祖国发展的中间力量，是实现中华民族伟大复兴的生力军，尤其要具备创新理念，驱动各行各业真创新、创真新。

三、思考讨论

1. 如何正确看待"名"和"利"？

---

① 思想道德修养与法律基础 [M]. 北京：高等教育出版社，2018：66.

2. 大学生如何"创新"？

四、案例点评

陈俊武院士钟爱"石油"，誓为石油奉献一生，愿为石油忍饥挨饿；战争当前，所有人都借口离开抚顺人造石油厂，23 岁的他却照常工作在技术革新第一线；"古巴导弹危机"爆发，危险和不稳定就在身边，陈俊武院士依然潜心他的石油研究，不放过任何一个疑点。是怎样的胸怀家国？是怎样的热爱"石油"？才能这般不顾生命安危！他"沉迷"于石油技术创新，却淡泊名利，甚至鼓励后辈人"踩"在他的肩膀上，尽显党员本色。

习近平总书记说："青年兴则国家兴，青年强则国家强。青年一代有理想、有本领、有担当，国家就有前途，民族就有希望。中国梦是历史的、现实的，也是未来的；是我们这一代的，更是青年一代的。中华民族伟大复兴的中国梦终将在一代代青年的接力奋斗中变成现实。"

陈俊武院士是广大科技工作者的杰出楷模，是"不忘初心、牢记使命"的生动典型，是新中国成立 70 年勇立潮头、为国无私奉献的时代先锋。我们应该学习陈俊武院士胸怀家国天下，脚踏实地钻研科研技术，淡泊名利，甘为人梯的优秀精神品质，立志为祖国的发展奉献毕生力量。

五、教学建议

1. 该案例可用于高等教育出版社 2021 年版《思想道德修养与法律基础》第三章"继承优良传统　弘扬中国精神"、第五章"遵守道德规范　锤炼道德品格"的辅助教学；该案例还可用于《马克思主义基本原理概论》第二章"实践与认识及其发展规律"的辅助教学。

2. 教师进一步收集视频和图片，把上述事件做成 PPT，图文并茂，更具感染力。视频网址：

① 《时代楷模发布厅：时代楷模陈俊武炼出中国人的第一桶汽油》https：//v.qq.com/x/page/o300658w9m1.html。

② 《时代楷模发布厅：陈俊武》http：//www.wenming.cn/sdkm/chenjw/yxjl/201910/t20191009_5277099.shtml。

案例三 赤诚报国的"布衣院士"：卢永根

一、教学案例

与祖国同呼吸共命运是卢永根院士一生最真实的写照，把党和国家、把人民和水稻深深烙在心上，直至生命的最后一刻。

童心向党行

卢永根出生在香港，在动荡年代里，他家有电话，出行有汽车，家庭富裕。由于战乱，父亲决定将11岁的他送回广州老家，那时候的广州也是沦陷区，整体状况也不容乐观。特殊的人生经历，让他具有艰苦奋斗、吃苦耐劳、心系人民的精神信仰，在乡下目睹日军欺压百姓的场景，更是让他对自己的前途命运有了思考。后来他又回到香港读书，为了支援抗日他用自己的积蓄声援国民党，可国民党的内部腐败和败落，让他迷茫起来。语文老师、无产阶级革命家萧野的出现，让他找到了人生方向和信仰。耄耋之年的他，躺在病床上，依然清晰地记得当时入党的情景，在香港很小的一间房子里，墙上挂着一面党旗，面向北方延安所在的方向举起右手郑重地宣誓，他说那时候延安就是我们心中的太阳。年纪轻轻的他宁愿冒着牺牲的风险，毅然加入当时中国共产党地下党的外围组织，并积极参加了多次组织活动。16岁的他执笔写下：假如那么一天的到来哟，人人有田耕，人人有屋住，人人有饭吃……我们的生活啊，就是诗境；我们的语言啊，就是音乐。19岁的他正式加入中国共产党，成为一名共产主义战士。

心系人民温饱　亦师亦友携手前行

新中国成立之际，他组织私立岭南大学的同学们游行庆祝，高兴激动的心情溢于言表。局势稳定后，他的党员身份得以公开，为实现人民温饱他选择就读华南农学院，在这里他认识了"中国稻作科学之父"——丁颖。在丁颖院士的影响下，他逐渐走上了稻作研究之路。三年自然灾害，让他这个做水稻研究的人也不能够吃饱肚子，这期间唯一一次吃饱的经历，让他心灵深受触动。其间参加一次重要的会议，主办方准备了充足的食物让参会人员吃顿饱饭，于是他们都敞开了吃，撑到吐。丁颖曾对他说"当为农夫温饱尽责尽力"，他自己躺在病床上回忆过往时也说"中国知识分子长期的优良传统，忧国忧民，不光考虑自己，尽量考虑百姓的情况，考虑国家大事……"饥饿难耐的经历让他更加坚定了研究稻作的初心，也更加明白肩上责任之重。他跟随丁颖做稻谷研究，在60年代的中国，踏遍祖国的大江南北。1964年丁颖去世后，留下大量的稻种资源和研究资料需要整理，别人都不愿接手的活，卢永根主动揽下来。事实证明，他的付出，为后来稻作科研奠定了非常坚实的基础。为考察野生稻，步履蹒跚的他坚持和其他工作人员一起跋山涉水，找到野生稻时，他又像小朋友一样开心地要求和稻谷合影。

在时代楷模发布厅现场，华南农业大学农学院教授刘向东分享了一个故事，卢永根给68岁高龄的丁颖教授写信，消除丁颖院士心中的疑虑，引导他作为优秀的科学家，早就应该加入中国共产党，成为其中的一员。在卢永根的影响下，丁院士在68岁时加入中国共产党，师徒共同成就了一段佳话。

科学家有祖国

改革开放浪潮促使中国生机蓬勃，1978 年卢永根获得公派留学的机会，在国外学习期间，他勤奋认真、刻苦钻研，学有所成。家人都定居美国，也极力劝说他借此机会移民美国，他的姐姐甚至已经帮他办好了移民手续，但他仍然坚持回国发展、回国报效祖国。他引用法国著名学者巴斯德的名言：科学无界，科学家有祖国。他以赤子之心，让自己的发展与祖国的发展同频共振，成为伟大的科学家。

教学有方　管理有道

2018 年中共中央办公厅印发了《关于进一步激励广大干部新时代新担当新作为的意见》，旨在激励广大干部新时代新担当新作为。而那时的卢永根留学回国后，担任华南农业大学校长一职。他作为干部敢于担责、敢于作为，为改变学校骨干力量青黄不接的状况，他改革人事制度，在论资排辈的年代，破格提拔年轻有为的教师为副教授；事必躬亲，引进先进的学科落户华南农学院。1984 年，华南农学院更名为华南农业大学，卢永根做了一次题为《把青春献给社会主义祖国》的演讲，在演讲时他说道："侵华战争的现实，教育了我，使我觉醒到当亡国奴的悲惨。我是炎黄子孙，要为自己的祖国复兴效力。"面对留学生不愿回国的现象，他深感惋惜，并身体力行写信劝说有才的留学生回国到华南农业大学任教。

言传身教　发挥生命余热

在生命最后时刻，卢永根和妻子毅然将自己毕生积蓄 880 多万元捐献给华南农业大学发展基金会，用于奖励优秀青年教师和帮助贫困学生。

从病床上艰难地到银行，十几张卡一一确认签字，工作人员说扶着卢永根柔弱的身躯，内心深感心痛，在自己病着的时候，他还想着奉献毕生心血，他和妻子在吃穿用度上非常节俭才有了这笔巨款。他妻子在接受采访时说道，他们对钱没有什么概念，自己吃穿用度够用就好，什么也不缺。这便是豁达人生，也是大爱无疆的最好实践教育。生命弥留之际，卢永根办理了遗体捐献手续，真正做到把自己所有有价值的东西发挥到极致。正如他在入党转正申请书中说的那样"虽然我并非无产阶级出身，但投身无产阶级这一点，自己有决心，而且在实际工作中、思想意识中去不断实践"，他用一生诠释了对祖国的热爱和对党的誓言。

二、视角广场

视角一：忠诚爱国者　把一生献给祖国

卢永根教授用实际行动践行了35年前他演讲的主题"把青春奉献给社会主义祖国"，始终保有赤诚之心和深深的爱国之情。不仅如此，他拒绝了亲人让他留美的请求，毅然回到祖国，为祖国的发展竭尽全力。不爱名利，推辞了升迁和高待遇，只为潜心做好他所热爱的、关系人民温饱的水稻研究。爱国，并不空大，就是脚踏实地地一步步走。卢永根院士的故事激励我们年轻一代不断奋发向上，做忠诚的爱国者，以实际行动助力祖国发展。

视角二：以身实践　用脚丈量科学

"实践是认识的来源"，"实践是认识发展的动力"，"实践是认识的目的"。[①] 卢永根院士是坚定的唯物主义者，每一次理论知识的凝练，都

---

① 马克思主义基本原理概论［M］.北京：高等教育出版社，2018：61-62.

来自他跋山涉水、翻山越岭,去到荒山野地的实践探索。"春江水暖鸭先知","绝知此事要躬行",大学生要培养良好的精神品格,不能心浮气躁,不能好高骛远,仰望星空的同时,脚踏实地。

视角三:弘扬艰苦朴素、勤俭节约的优良传统

半旧的饭盒,为了保护鞋子提着鞋子在雨中走,家中古老而简单的陈设,穿到不能再补的衣物、鞋子,年迈却坚持做夜行火车出差……这些场景是"布衣院士"真实的生活场景。艰苦朴素、勤俭节约的优良品德,值得当下我们每一个人学习。传统美德都知晓,真正践行和落实,并且一辈子坚守,是需要莫大毅力的。卢永根院士为我们做了很好的榜样。

三、思考讨论

1. 生活中,你做到了艰苦朴素、勤俭节约吗?或者你以后准备怎么做?
2. 你如何看待"事件"和"认识"的关系?
3. 我们应该如何弘扬爱国主义精神?

四、案例点评

卢永根院士一生的经历,就是一本正能量教科书。院士的故事,是思政教学时可用的鲜活案例。他坚定的爱国主义精神,无私的牺牲奉献精神,是值得我们认真学习和践行的。当下社会发展日新月异,生活水平显著提高,大学生在实践中的磨炼远远不够,吃苦耐劳精神不够饱满,存在眼高手低、纸上谈兵、以自我为中心等现象。卢永根院士坚定唯物主义信念,心系国家、人民,一生胸怀爱国主义情怀,值得我们学习和

敬畏。思政课教师在课堂知识点讲授时，穿插进卢永根院士的故事，有助于提升学生对知识点的理解和接受。

五、教学建议

1. 该案例可用于《马克思主义基本原理概论》高等教育出版社（2018年版）第二章"实践与认识及其发展规律"，还可用于《思想道德与法治》第三章"继承优良传统　弘扬中国精神"、第五章"遵守道德规范　锤炼道德品格"的辅助教学。

2. 教师进一步收集视频和图片，把上述事件做成ppt，图文并茂，更具感染力。视频网址：

①《时代楷模发布厅：卢永根》

http：//www.wenming.cn/sdkm/lyg/yxjl/201911/t20191118_5321981.shtml。

②【2017年度感动中国人物】桃李满天下　卢永根

http：//www.wenming.cn/sdkm/lyg/yxjl/201911/t20191119_5322924.shtml。

案例四　心有大我至诚报国的物理学家：黄大年

一、教学案例

20世纪50年代，著名地质学家李四光越过重重阻力，从英国回到祖国，建立了新中国第一所地质专科院校——东北地质学校。当代物理学家黄大年的人生经历和李四光有"异曲同工之妙"，他放弃了英国剑桥的优厚待遇，毅然回到祖国怀抱，在吉林大学地球探测科学与技术学院担任教授，奉献自己的光和热，为推动祖国科技发展奉献了毕生所学。当学生问他为什么会毅然回国，他说："能够越洋求学，获取他山之石，仅是偶然，回归故里才是必然，而绝非你所说的毅然。"爱国之情溢于言表，热爱祖国也是黄大年心中最炽热、最真挚的情感力量，更是他最质朴、最深沉的行动表达。他用实际行动为我们树立了爱国行动的标杆和榜样。

小时候良好的家庭教育培养了他较强的学习能力，但"文革"期间父母下放农村，改变了他的生活轨迹，他曾经上学要走好几里路，遭遇过野兽袭击、辍学、寄读，好在学校教书的老师大都是知识分子，他们认真、不苟言笑、忍辱负重，这也让他幼小的心灵深受触动。黄大年生前回忆说："他们也让我懂得了，知识分子无论在哪里都会发光。他们在求索知识的道路上坚毅、刻苦、顽强和清贫的品格深深地影响着我。"

"业精于勤，荒于嬉；行成于思，毁于随。"黄大年在国外的工作经历和回到祖国后看到的国内科研现状，他深切地明白这中间的差距，所以他争分夺秒、废寝忘食地工作，希望通过自己的努力快点、再快点缩小这个差距。他每天只睡几小时，白天教学、解答学生问题，晚上写报告，为了不耽误时间，出差基本都订晚间最后一趟飞机。吃饭只吃烤玉米，因为煮玉米滴水他觉得耽误时间。正常人工作 8 小时，他恨不得把一天 24 小时都用在工作上。病了，晕倒在办公室，吃下速效救心丸休息一会儿，又神采奕奕地开始开展工作……所以在吉林大学，大家送他外号"拼命黄郎"。

2016 年 11 月也是他胆管癌确诊前，他到成都出差，在飞机上发病，当他被抬上担架时，他嘱咐空姐如果他不行了，一定把他手里紧紧攥着的电脑交给国家，里面有非常重要的数据。后来确诊入院治疗，原本是喊学生来医院陪陪他，没想到他却拉着学生给学生讲解之前还未讲解完的问题。病房里，同事来看他，他还和同事约定还有许多事要一起做。在做手术的前一天，他在微信朋友圈还在感慨当初回国、回到母校的初心。

他用七年的时间，填补了国内多项技术空白，让中国地球物理学上了一个崭新的高度。有专家说他在5年里创造的成绩，相当于过去50年，使中国在探测上进入"深地时代"。他通过自身的影响力，邀请了很多知名专家加入吉林大学，壮大了吉林大学相关学科的师资队伍。

是怎样的一颗赤诚的爱国之心，才会让他在欧美同学音乐会上听到《我的中国心》而饱含热泪，这是对祖国最真诚的热爱。他1988年在入党申请书中写道："若能做一朵小小的浪花奔腾，呼啸加入献身者的滚滚洪流中，推动历史向前发展，我觉得这才是一生中最值得骄傲和自豪的事情。"他是这样说的，也是这样做的。拳拳爱国心，浓浓爱国情，都化作他的每一次出差、每一项科研成果的取得、每一次夜深人静的加班加点……

正如黄大年所说，"中国由一个大国向一个强国迈进的过程中，它需要像很多很多我这样的人回来参与这个建设"。正是有千千万万个黄大年一样的人，中国才有决胜脱贫攻坚实现小康社会，全面向社会主义现代化强国迈进的伟大飞跃。

习近平总书记说，黄大年同志秉持科技报国理想，把为祖国富强、民族振兴、人民幸福贡献力量作为毕生追求，为我国教育科研事业做出了突出贡献，他的先进事迹感人肺腑。是我们每一位青年人学习的榜样，每一位中国人学习的楷模。

二、视角广场

视角一：胸怀国家　融小我于大我

我们常说的爱国，是具体的，实实在在的。往小处说，就是要认真学习、热爱生活、努力成长、不断奋进；往大处说，就是像黄大年一样，心系祖国发展，以实际行动为祖国发展奉献力量。海阔心无界，山高人为峰。"把自己的梦想融入人民实现中国梦的壮阔奋斗之中，把自己的名字写在中华民族伟大复兴的光辉史册之上。"这是把个人发展与国家前途命运相结合的雄心壮志，我们在祖国的庇护下，得以自由生活，快乐地成长。2019年年底新冠肺炎疫情暴发之后，我们国家管控得力，很快控制住蔓延形势，并率先研发出新冠肺炎疫苗，在其他国家都需要高额购买疫苗时，我们国家的每位公民都可以自愿且免费接种疫苗。中国专家以大无畏的、无私奉献的精神驰援其他国家，彰显了大国精神，也聚焦了中国力量。新时代大学生，要胸怀祖国，融小我于大我，把个人发展和祖国的前途命运紧紧相连。历史和人民不会忘记黄大年这样的奋斗者，那种为了梦想顽强拼搏、为了事业竭尽全力的敬业精神，将激励我们向着实现中国梦的伟大目标接力前行、奋勇前进。

视角二：恪尽职守　勇于开拓

"修齐治平、兼济天下，是一代代中国知识分子砥砺前行的价值航标。"黄大年教授立报国之志，践报国之行，兢兢业业，甚至用生命与时间赛跑。他在入党志愿书中说："做一朵小小的浪花奔腾，呼啸加入献身者的滚滚洪流中推动历史向前发展。""我是活一天赚一天，哪天倒下，就地掩埋。"这是一个科学家对祖国的真诚誓言！

成功没有捷径，人生需要努力。黄大年取得的成就背后，是几十年如一日的潜心钻研和不懈奋斗。也许我们的岗位很普通，所做的工作很平常，但人生路上"没有小角色，只有小演员"，平凡的岗位也可以干出不平凡的业绩。敬业方可成事，创新才能兴业。在百舸争流、千帆竞渡的当今时代，唯创新者进，唯创新者强，唯创新者胜。只要我们勇于创新善于开拓，奋发有为不懈进取，就能在岗位上建功立业，为实现国家富强、民族振兴、人民幸福贡献自己的一份力量。

有铮铮誓言，勇于攀登科技高峰。听从祖国的召唤，放弃国外优厚的待遇，钻研深部探测关键领域技术空白；惜时如金，夜以继日地忘我工作，直至生命的最后一刻。曾经说过的誓言，对祖国许下的承诺，都一一践行。知行合一，言出必行，奋发有为，鞠躬尽瘁，值得我们每一位中国人学习。

三、思考讨论

1. 大学生应如何书写自己的爱国情怀？
2. 你如何看待"敬业"？
3. 你的人生理想是什么？为实现它，你到目前做过哪些努力？

四、案例点评

国家利益是黄大年的唯一标准，23岁那年的毕业相册上他写道："振兴中华，乃我辈之责。"站在人生重要的路口，他"把事业看得更重、把奉献看得更重、把祖国看得更重"，祖国的发展，需要这样的奋进青年。新时代下，祖国需要更多的创新人才，祖国的发展需要更多的仁人志士，而青年大学生，就是国家的希望和未来。黄大年的事迹，令所有人动容，感人至深。他的事迹让我们对爱国主义情怀、对爱岗敬业、对教书育人有了更深刻的理解，在课堂中引入，能激发同学们的学习兴趣，对做好学生的价值指引具有重要意义。

五、教学建议

1. 本案例可用于高等教育出版社2018年版《马克思主义基本原理概论》第三章"人类社会及其发展规律"，还可用于高等教育出版社2021

年版《思想道德与法治》第一章"领悟人生真谛　把握人生方向"、第二章"追求远大理想　坚定崇高信念"、第三章"继承优良传统　弘扬中国精神"、第五章"遵守道德规范　锤炼道德品格"的辅助教学。

2．教师进一步收集视频和图片，把上述事件做成PPT，图文并茂，更具感染力。视频网址：

①视频剧集《黄大年》。

②［视频］心有大我　至诚报国——追忆著名地球物理学家黄大年

http：//tv.cctv.com/2017/07/12/VIDEkdFRUPBXQQ4HHzQecXf2170712.shtm。

③时代楷模发布：黄大年

https：//v.qq.com/x/page/p05087r3q94.html。

案例五　科技扶贫的"农民院士"：朱有勇

一、教学案例

"农民院士"朱有勇深入基层开展扶贫工作，带领农民走上脱贫致富的道路，是新时代脱贫攻坚主战场的奋斗者，是新时代党员践行初心使命的先行者，是新时代深入实地开展科学研究的科学家。他出身于农民家庭，对农民有着深厚的情谊，扎根扶贫第一线，决心科技扶贫，用科技帮助农民走上致富之路。在扶贫过程中，他的重大课题"农业生物多样性控制作物病虫害"也取得了丰硕成果，研究文章在《自然》杂志发表，并应用于劳动生产实践。

与农业结缘　用技术造福人民

朱有勇出生在云南省红河州的一个小苗寨，从小在田间地头撒欢，知青经历让他对种植农作物的流程非常熟悉。知其然，然后知其所以然。种过地，所以他对农作物病虫害的危害是非常清楚的，唯一的办法就是打农药。

恢复高考后，朱有勇决定依靠知识改变命运。他参加高考，考取了云南农业大学，当时年轻的他有些不愿意去上农业学校，但当时的政策是考上不报到，第二年就不能再报考，于是他就硬着头皮去上学了，或许这也是他与农业科学的缘分。

就读研究生期间，导师的问题引起了他的思考。导师说：回顾世界农业发展的历史，依赖农药的时间没有超过100年，那过去没有农药的时候，是怎么控制病虫害的？这个问题不仅改变了他的研究方向，也对他的人生产生了重要影响。原云南农业大学校长陈如海说，做农业病理学研究的科研人员，最大的心愿就是有一天不用农药，也能把病虫害控制下来。

当今社会，人们追求绿色食品，但要真正实现绿色无污染却是一个世界难题，经过30多年的探索，朱有勇发现了植物之间相生相克能够控制病虫害的方法。他研发的林下种植三七的技术，能够不用农药，让三七生长得很好。当很多企业闻讯而来，要高价购买他的技术时，他坚决不卖，却无偿地教给云南南沧县的农民们。面对团队不同的声音，他说："党和政府已经给我们一个很好的俸禄，我们何必这样做，让所有人都来受益，在受益的同时，我们得到了我们科技成果的推广应用。在这里面，找到我们的幸福感、成就感。"面对巨大的经济收益，他毫不犹豫地让利于贫困地区，让利于贫困人民。心怀家国，行助民生。

扎根贫困山区　科技扶贫见实效

2015年，南沧县成为中国工程院的精准扶贫点，在任命扶贫干部时，朱有勇说："我年轻，我去。"就这样，他第一次带队参加扶贫工作。在接受采访时，他说："毕竟自己是一个教书匠，真要带队扶贫，还是有些畏难情绪。"作为教书的，真的要把论文写在大地上，让一个村一个村的农民富起来，心里还是有点犯嘀咕的。

作为云南人和曾经的云南农业大学校长，第一次来到南沧县蒿枝坝村的时候，朱有勇也被当地的情形给镇住了。遍地的牲畜粪便，迎面刺鼻的味道，住的泥巴房里没有一样像样的家具，苍蝇满天飞，这是一个深度贫困村村民们真实的生活环境。

面对这一境况，朱有勇内心五味杂陈。他说："这里的土地面积很多，人均土地拥有面积大大超过国家平均水平，为什么这里会穷？这里不应该穷。有这么好的资源，我们发表了很多论文，我们的科技成果在很多地方都推广了，很多人都富了。但是在边疆地区，在少数民族地区，怎么还这样呢？也是怪我们这些科技人员的失误，我们尽到责任没有？"

决定大干一场的他，遇到了难题。这里的村民大多属于"直过民族"，是从原始社会直接过渡到社会主义社会的典型民族之一，除了对农业种植不熟悉外，语言沟通上也存在问题，当地居民说的是拉祜语。做好各项前期调研后，朱有勇准备建设试验田，可说什么当地居民都不愿意。朱有勇仔细思考其中缘由，主动找当地居民学拉祜族语言，换上当地居民熟悉的迷彩服，效果立马显现，居民热情接待他们，甚至愿意免费把田地租给他们做实验。

朱有勇院士带着科研团队率先种植冬季马铃薯试验田，他身体力行，用实际行动让老百姓相信科技，并愿意行动起来。问村民想不想富，想富就跟着一起学习种植冬季马铃薯。随着试验田的成功实验和部分村民的加入，取得良好经济效益后，其他村民也争相加入。原本是农闲的冬季，在朱有勇院士的带动下，村民们冬季种植马铃薯每亩地可收入5000元，彻底改变了当地农民的经济状况，也真正地把"冬闲田"变成了"致富田"。为更好地服务当地经济发展，朱院士开设马铃薯培训班，根据农民种植需要，还开设了三七班、家禽培训班、电商培训班等，村民确实受益了，也让科技扶贫见了实效。

践行党员初心使命　坚守"农民"质朴本色

"让农民过好一点，就是我的初心，是童年最早的理想。"朱有勇说。

他用行动让贫困地区的农民吃饱了饭，提高了经济收入。在毕业前分配工作的谈话中，他表示"我愿为党和人民事业奋斗终生，毕业后绝对服从组织分工，到祖国最需要的地方去"。一诺千金是党员，带领农民致富在行动。他也曾在留学时，有机会留在工资更高、环境更好的国外，但他深知祖国需要他，人民需要他，毅然回国报效祖国。他经常把自己获奖的奖金捐给学校和基金会，帮助更多的人。把论文写在大地、把农民装在心里的中国科学院"农民院士"朱有勇说："看到科研成果在千万户农民家里开花结果，比拿多高的奖金、发表多重要的文章都更高兴。"

二、视角广场

视角一：从群众中来到群众中去

坚持群众路线和从群众中来到群众中去的工作方法是中国共产党成立至今，取得现下辉煌成绩的重要法宝，未来还将继续坚持使用下去。古语有云"水能载舟，亦能覆舟"，中国共产党的发展历程，就是一部群众路线的发展史。毛泽东说："中国的命运一经操在人民自己的手里，中国就将如太阳升起在东方那样,以自己辉煌的光焰普照大地。"朱有勇院士出生农村不忘根,历尽千帆,取得无数傲人成绩却始终牢记"让农民过得好一点"的"童年梦想"和为民服务的初心使命,是坚持从群众中来到群众中去的典范。也是真正做到心系群众、行助群众的中国共产党党员,始终把人民需要放在首位。

视角二:敢于创新和探索　造福于民

研究生考官的一问,是他"利用生物多样性防治病虫害的研究"的萌芽,云南石屏县田间的考察,是他科技创新实践的开端。把问题当作问题,把面试考官的问题记在心间,付诸实践。无数次试验,凝结创新和不断实践的执着精神,造就了"农民院士"在科技成果上不朽的成绩。世界经济、社会飞速发展,科技发展日新月异,创新和探索是时代发展重要且永恒的话题。"苟日新,又日新,日日新""穷则变,变则通,通则久",落后的历史教训,辉煌灿烂的历史文明,都在证实创新的重要作用。新时代大学生,是改革创新的生力军,我们要学习"农民院士"——朱有勇的创新精神和探索精神,为奋力实现中国梦和中华民族伟大复兴,奉献青春力量。

三、思考讨论

1. 你如何理解"初心"和"使命"?
2. 坚持"群众路线"的重要性和意义是什么?
3. 我们为什么要创新?

四、案例点评

"农民院士"朱有勇出身农村家庭,经历贫困饥饿,立下"让农民过得好一点"的童年梦想,也是他最开始出发的"初心"。一次硕士研究生面试导师提出的问题,引发他的思考,后来成为他的研究方向并取得许多科研突破。始终扎根农村,心系农民,坚持群众路线,不忘共产党人的"初心使命"。该案例是新时代理想信念教育的典范,是"不忘初心 牢记使命"主题教育的鲜活教材,是新形势下"党史学习"教育的经典案例,也是大学生思想政治教育的重要题材。青年大学生是祖国的未来,应该不断强化艰苦奋斗作风,立志"国家兴亡,匹夫有责",自觉学习朱有勇院士高尚的精神品格,坚定理想信念,明确自己的初心使命。要有"安得广厦千万间,大庇天下寒士俱欢颜"的阔达胸襟,胸怀家天下,心系人民大众,为国家和人民奉献自己的力量。

五、教学建议

1. 该案例可用于高等教育出版社（2018年版）《毛泽东思想和中国特色社会主义理论体系概论》第一章"毛泽东思想及其历史地位"的辅助教学；还可用于《思想道德与法治》高等教育出版社（2021年版）第三章"继承优良传统　弘扬中国精神"、第五章"遵守道德规范　锤炼道德品格"的辅助教学。

2. 教师进一步收集视频和图片,把上述事件做成PPT,图文并茂,更具感染力。视频网址：

①时代楷模发布厅：朱有勇

http：//www.wenming.cn/sdkm/zyy/yxjl/201912/t20191203_5337317.shtml。

②家国栋梁·朱有勇：最喜欢"农民教授"的称号

http：//www.wenming.cn/sdkm/zyy/yxjl/201912/t20191203_5337735.shtml。

第五章

扎根基层践行初心使命

案例一 执着的农民大老板：李登海

一、教学案例

李登海是中华人民共和国的同龄人，他1949年出生在后邓村，初中毕业后加入村农科队。70年代的中国社会还处于社会主义发展的初级阶段，经济还处在摸索中前进的阶段，一次偶然的机会，他从烟台农科所的专家下乡开展科学调研带来的一份资料了解到，美国农民华莱士创建的先锋种子公司，春玉米亩产量提高到了1250千克。而当时山东玉米亩产量每亩只有200~300斤，对比鲜明，差距巨大。他牢记毛主席的话——中华民族要有同自己的敌人血战到底的气概，有在自力更生的基础上光复旧物的决心，有自己立于世界民族之林的能力。李登海认为，作为一个年轻的中国人，我们应该立志发奋；作为新中国的年轻农民，有志气、有抱负来建设我们社会主义强国。从此，踏上育种、培种科学研究的道路。

在实验的小麦、玉米、花生都有增产的情况下，李登海完美地回答了初为农科队队长想要实现农作物增产的问题,也消除了农民对年轻人没有经验的偏见。偶然的机会,他发现玉米增产量不如小麦,这让他产生了好奇心。他决心要让玉米亩产量达到1500斤,但对只有初中文凭的他来说,要实现科技攻关,是非常有难度的。一方面,他努力看书自己学习育种知识,废寝忘食,为不让家人担心,他甚至躲到被窝里用电筒学习;另一方面,他得到了到莱阳农校学习的机会,他非常刻苦,用一年的时间学完四年的知识,获得了老师的青睐,毕业时送给他20粒珍贵的国外玉米种。他如获至宝,回家就开始了培育种子。他说,在1978年他培育的新品种比当地其他的新品种显著增产,他骑着自行车到上级部门汇报,得到大家的一致认可。

受北方气候影响,玉米一年只能种植一季,为了更好地开展育种实验,他决定冬季南下去海南。刚到海南,由于没有科研基地,他们住在黎族一个小的自然村,住在放稻谷的茅草房里,四面漏风,蚊虫肆虐。当时的一位记者正好记录下他们的艰难:台风刚过,做饭的灶台等物品被风掀翻,从地里回去的李登海和队员们开始动手搭建房子,要不然没地方吃饭了。而且这边的牛是放养的,稍不留神牛就会跑进试验田吃玉米,白天用篱笆把试验田保护起来,晚上防止牛破坏篱笆进去,还得值夜班看着,就这样白天黑夜连轴转。回忆起当时牛吃了玉米苗自己只顾坐在地上哭,李登海淡然一笑,当时的他肯定觉得这是最难过的事情。最后,他培育的"掖单2号"亩产达到776.6千克,创造了我国夏玉米单产最高纪录。

李登海说,每一次取得新科研成果的喜悦,都会激励着自己再去奋斗,再去突破。为了育种,海南春节期间是玉米授粉的最佳时机,他的春节就一直在海南度过。90多岁高龄的母亲,想去海南看看儿子工作的地方,到达海南后,他母亲感叹自己的儿子怎么上深山老林了,这一次也是他们一家人为数不多的一次团圆年。

有梦想谁都了不起,几年间,李登海不断往返于山东、海南之间,他也从少年走向老年,"世上无难事,只要肯攀登",他从最开始一年一次育种到一年三次育种,甚至更多……生生地把他37年的玉米育种科研时间延长至110年,正是有李登海和他的团队忘我的研究和培育,他的团队的科研成绩硕果累累,一次创我国夏玉米单产最高纪录,两次创世界夏玉米单产最高纪录,一次创我国春玉米单产最高纪录……2007年,"超级玉米"被我国科技部列为"十一五"国家科技支撑计划重点项目,2011年,在《国务院关于加快推进现代农作物种业发展的意见》中将紧凑型玉米确定为改革开放以来突破性优良品种……其间,他没有向国家要一分科研费,凭着自己的一腔热血和对农民的情谊实现了年少时立下的报国梦。

"在开创中国玉米高产道路这个事业上,我觉得永远没有满足;在科技的进步方面,永远没有满足。"这就是李登海的农业科研准则,也是他一生的信仰和目标。

取得丰硕科研成果的李登海,生活非常节俭,能省则省,到了"抠门"的地步。但是,对于科研经费的使用,他却毫不吝啬,花多少钱都可以。毛主席说:节约每个铜板,为着革命和战争事业。他通过增设科研基地、增添科研设施,不断地强化公司的创新能力。2013年他辞去董事长职务,问起原因,他说是为了专心致力于公司的杂交玉米新品种研发创新和杂交玉米高产品种选育,及高产栽培技术的攻关工作。面对众多的荣誉,他却说:"从根本上讲,我就是个农民,为了祖国的富强和荣誉,我终身选择玉米育种、栽培为业。"

二、视角广场

视角一:扎根广袤田野的最美奋斗者

"我们的家乡,在希望的田野上……"李登海就是奔波在中国广阔田野上的最美奋斗者，从深刻体会农民春种秋收之不易，到决心改变粮食产量低的现状。他始终怀揣报国梦，励志兴种业，为国家和人民培育优良种子。他身体力行地穿梭在田间地头，风餐露宿，废寝忘食，为的是农民能有好收成。播下的是玉米的种子，拾起的是农民的生存希望。江泽民指出："振兴经济首先要振兴科技。"① "我们要牢记一条道理，这就是没有强大的科技实力，就没有社会主义现代化。"② 为了保证国家粮食安全，实现我国由"粮食大国"向"粮食强国"的跨越，李登海承担起超级玉米攻关任务。"好种子，就要扎根到广袤田野里。"李登海说。

视角二：吃苦耐劳的农民本身

中国农民有着勤劳、质朴的优秀品质，李登海虽然科研硕果累累，走访过世界各地，但他仍保持着中国农民的本色。年轻时作为生产队一员，他敢于吃苦不抱怨；中年为了育种扎根农村，为了得到天然有机肥，亲自包揽农家清厕所的苦活儿；老年本该在家享清福，但他依旧为国、为民奔波在科研创新第一线。在接受采访时说，"过60岁以后，我一年当三年来用，当四年用……" "60岁以前我为我们国家创造了一千多个亿。60岁以后呢，在后半生争取再为国家创造一千多个亿，争取最大化地为国家做贡献。"有志者立长志，李登海60多岁再立新志，把人生价值发挥到极致。

三、案例讨论

1. 李登海身上哪些优秀品质是值得我们学习的？
2. 新时代大学生，应如何把个人理想与国家需要相结合？
3. 阐述中国农民身上的精神品质。

---

① 江泽民文选（第1卷）[M]. 北京：人民出版社，2006：232.
② 江泽民. 论科学技术 [M]. 北京：中央文献出版社，2011：64.

四、案例点评

习近平新时代中国特色社会主义思想明确了新时代坚持和发展什么样的中国特色社会主义，回答了怎样坚持和发展中国特色社会主义，党的十九大概括为"十四个坚持"。其中一项为"坚持在发展中保障和改善民生"，"增进人民福祉是发展的根本目的。必须多谋民生之利、多解民生之忧……"① 李登海的个人事迹和人生奋斗历程，都在为民谋福利、为民解忧愁，时刻不忘党的教诲，时刻牢记党员初心使命，真正体现了作为共产党人的担当和使命。

同时，从李登海身上我们也看到理想和现实之间的距离并没有那么遥远，"世上无难事，只要肯攀登"。种下理想的种子，辛勤耕耘，用毅力和智慧战胜实现理想途中的种种困难和考验，最终我们会成为那个站在高山上的人。"多难兴邦""逆境长才干""自古雄才多磨难"等，讲的都是这个道理。我们不论处于怎样的境地，都要做到"胜不骄，败不馁"。

五、教学建议

1. 本案例适用于高等教育出版社 2018 年版《马克思主义基本原理概论》第七章"共产主义崇高理想及其最终实现"的辅助教学；也可用于高等教育出版社 2021 年版《思想道德与法治》第二章"追求远大理想 坚定崇高信念"的辅助教学。

2. 教师进一步收集视频和图片，把上述事件做成 PPT，图文并茂，更具感染力。视频网址：

---

① 毛泽东思想和中国特色社会主义理论体系概论. [M]. 北京：高等教育出版社，2018：186.

①《时代楷模 李登海》（上、下）

https：//v. qq. com/x/page/y0167y4pg24. html。

https：//v. qq. com/x/page/g0167fscmz6. html。

②视频剧集《李登海——阳光灿烂的日子》。

案例二 雪线邮路的幸福使者：其美多吉

一、教学案例

在四川省甘孜藏族自治州的邮政地图上，有这样一条邮路，它贯穿了整个甘孜州，连接着康定和拉萨，也连接着雪域高原和内地，是一条高原地区的信息通道。在这段邮路上，其中康定到德格的路段，线路长1200余千米，平均海拔在3500米以上，最高海拔5000米以上，此段路全年三分之二的时间冰雪覆盖，充满着危险和不确定性。

小时候村里邮政车走街串巷，把外面的信息传递到村里，邮政车的身影成了人们最盼望的事务，也在其美多吉心中留下了深刻印象。他说："就梦想着我自己能开一辆。"1989年，其美多吉成功应聘当地邮局邮车驾驶员，实现了儿时的"邮车梦"。至今，其美多吉穿行在这条时而平缓、时而陡峭的邮路上，已经30多年。

第一次经过艰险路段——雀儿山

他对第一次穿越其中最危险的一段路雀儿山的情景记忆犹新，"第一次开大货车翻越雀儿山的时候，我不敢下山，也是冬季，速度都很慢。有些驾驶员甚至使劲给你按喇叭，我紧张得一直在踩刹车，刹车鼓都踩红了,已经烫红了。"这里是事故高发地,经常有车操作不慎坠下悬崖,人车一起摔得粉身碎骨。就常跑这段路的老司机,也会害怕在这段路遇到"风搅雪"天气。几乎每一位行走在这段邮路上的老司机,都遇见过"风搅雪"。甘孜县邮政局局长说,他曾经因为遇见极端天气,大雪封山,被困了四天三夜,最后没有办法汽车的备胎都拿来取暖了。如果被困雀儿山得不到及时的救助的话,就可能会冻伤或者遭遇狼群袭击。行驶在这段路的工作人员,遭遇紧急封山的情况下,可以烧掉随身的任何物件来保护自己的生命,除了邮件。他们坚持"人在邮件在"的职业操守,任何时候都是这样。其美多吉说:物资是有价的,但有些文件可能就不只是一种价格,所以必须得坚守。他坚信他的坚守是有价值的,他传递的不仅仅是一个个邮包、一份份报纸,更是乡亲们心中殷切的期望和对美好生活的向往。

勇斗歹徒 誓死守卫邮车安全

2012年其美多吉接到运输教材回康定的任务,康定各县学生的新书,都由邮政车一车一车拉回来。天色渐晚,行至一段施工路段时,其美多吉熟练地将车减速,没想到这时候,一群拿着刀和棍棒的人窜了出来,他立即下车把这群人拦在了邮车前。事后,他说:我就是想保护车,保护我的邮车。结果遭到了歹徒的重创,受伤非常严重,手筋、脚筋被砍断。经过多次抢救和一个多星期的重症监护,他的生命得以挽救回来。后来又做了多次手术和坐了3个月的轮椅,更为严重的是手指肌腱重度粘连,医生说康复的概率很小。但是铁血的康巴汉子怎么可能向命运低头,用他儿子的描述他采用的是破坏性疗法的魔鬼式训练方式,手不能抬起来,他就让自己用手把自己垂直支撑起来。看着他倔强的坚持,家人既心疼,却又只能默默地看着他、陪着他。在不服输个性的支撑下,其美多吉逐渐康复。康复后,他又打起了邮车的"主意"。领导让他多休息一段时间,换了文员相对轻松的岗位,但他一刻也不能等。他说:"这条邮路,感觉邮路就是我的生命线。我在这条邮路上,就跟那种歌手到了舞台上,他就找到了他自己的灵感和那种享受。"他连续递交了6次复岗申请,最后终于得到批准。他说,企业给了他第二次生命,只要自己身体条件允许,他就想在这条邮路上继续跑下去。这次的回归,他带着脸颊上受伤后留下的深深伤疤,也宣告着他用生命守护邮件、维护职业操守的决心和毅力。

融个人理想、人生情怀和职业操守于一体

时代楷模发布现场,他讲述了自己受伤后留下的后遗症,因头骨断裂,他的额头植入了一块钛合金,每到冬天,睡觉时都需要用衣物包裹住头部,要不然会觉得头上顶着一块冰无法入睡。再回想当时情景,走下邮车的行为他说是一个本能的反应,本着"人在邮件在"的原则,为了保护车上孩子们的教材,他就直接下车了。当主持人问,受伤康复后,为什么坚持要重返邮车、重返邮路?他说,邮车是他儿时的一个梦想,自己很喜欢;开着邮车在路上行驶的时候,他就有一种快乐和幸福感;这条邮路见证着家乡的发展变化,是藏区与内地沟通交流的一种桥梁,每年有一项非常重要的运输任务——高考录取通知书,看到孩子和家长早早地等待邮车身影和拿到通知书后洋溢的幸福笑容,他觉得自己很自豪,便更加喜欢他的工作了。把对家乡的牵挂、个人理想和职业操守完美融于一体,这便是勇敢的邮车司机——其美多吉。

二、视角广场

视角一:不忘初心 守护雪线邮路

开邮政车是其美多吉的儿时梦想,在如愿开上邮政车后,他经历了第一次开车经过冰雪覆盖的雀儿山时的忐忑,也亲身体会了被困雪地徒手刨开一条路的艰难,更是遭遇抢劫袭击的受害者,但他仍然初心不变,坚定地坚守在邮车上、坚守在雪线邮路上。多年来,邮车已经成为川藏线的一面旗帜。其美多吉和他的同事,遇到堵车时,还会承担起"临时交警"的责任,对过往车辆进行疏导。也因为助人为乐,他和雀儿山道班人员建立了深厚的友谊。雀儿山路段道班的养路工人常年守在山上,以前没有网络支付,其美多吉就帮这些工人带工资回家。现在,他每次路过道班,还是会主动帮工人们从山下带生活用品。不忘初心,勇担邮车司机的责任和使命,守护雪线邮路,守护藏区人民的希望。

视角二:扎根基层展奋斗风貌

他珍爱团结,以螺丝钉精神紧紧钉在川藏线上,将来自党中央的声音、祖国四面八方的邮件送往雪域的各个角落,用真情奉献为促进藏区经济社会发展做出了积极贡献,被群众誉为"雪线邮路的幸福使者"。

他扎根雪域高原、坚守雪线邮路的先进事迹,有力弘扬了爱国奉献精神,展现了新时代奋斗者努力奔跑、追梦圆梦的良好风貌,使"老西藏"精神、"两路精神"在新时代焕发出新的风采。要深入学习贯彻习近平新时代中国特色社会主义思想,以"时代楷模"其美多吉为榜样,忠诚使命、履行职责,立足岗位、奉献人民,维护团结、推动发展,以更加昂扬的精神状态和奋斗姿态,奋进新时代、开拓新征程。

三、案例讨论

1. 结合案例讨论其美多吉具有什么样的精神品质?
2. 作为一名新时代大学生,我们怎样践行社会主义核心价值观?

四、案例点评

其美多吉是基层一线职工的杰出代表,是维护民族团结的先进模范,是美好生活的创造者、守护者。他立足基层岗位,理想信念坚定,用实际行动诠释"为人民服务"的精神内涵,自觉践行社会主义核心价值观。他的事迹,有力弘扬了爱国奉献精神,展现了新时代奋斗者努力奔跑、追梦圆梦的良好风貌。新时代大学生,应该学习其美多吉的优秀精神品质,积极投身"三支一扶""西部计划"等基层项目中去,把青春和热血洒在祖国最需要的地方。要深入学习贯彻习近平新时代中国特色社会主义思想,以"时代楷模"其美多吉为榜样,忠诚使命、履行职责,立足岗位、奉献人民,维护团结、推动发展,以更加昂扬的精神状态和奋斗姿态,奋进新时代、开拓新征程。

五、教学建议

1. 本案例适用于高等教育出版社 2018 年版《马克思主义基本原理概论》第七章"共产主义崇高理想及其最终实现"的辅助教学;也可用于高等教育出版社 2021 年版《思想道德与法治》第二章"追求远大理想 坚定崇高信念"、第三章"继承优良传统 弘扬中国精神"、第四章"明确价值追求 践行价值准则"、第五章"遵守道德规范 锤炼道德品格"的辅助教学。

2. 教师可进一步收集视频和图片,把上述事件做成 PPT,图文并茂,更具有感染力,视频网址:

①《时代楷模发布厅》:其美多吉

http://www.wenming.cn/sdkm/qmdj/yxjl/201901/t20190129_4990285.shtml。

②儿时的梦想最初的信念是我坚持至今的动力

https：//video.tudou.com/v/XNDE1NzI3MTIwNA==.html。

③其美多吉：雪域信使　高原路标

https：//v.qq.com/x/page/a0029yg1gvx.html。

案例三　刑警队的"定海神针"：杨春

一、教学案例

立志为人民服务

杨春小时候，常听擦拭餐厅"光荣之家"门牌的奶奶说，"军人的家属是光荣的"，在他幼小的心灵种下了军人梦。每当拿着父亲做的玩具枪，杨春都无比珍爱，会像模像样地玩起警察抓坏人的游戏。17岁的杨春应征入伍，成为一名军人。退伍后，被分配到一所有编制的学校担任体育教师。别人求之不得的带编工作，他却不愿意接受，因为他的理想是当一名人民警察。每天求着姐姐去给他打听消息，看看哪里的公安系统在招人，即使不是正式工，临时的也让姐姐帮忙问问。最后，杨春赶上宁德公安局招聘公安艇员，负责海上维稳工作，如愿成为一名人民警察，也迈开了他刑侦工作的第一步。他的妻子说："我觉得他好像理所当然地就是做这份工作的，他很快乐，虽然累，但很享受痛并快乐的这种感觉。"

战友们心中的大山

危险冲在前，荣誉让在后；强化刑侦队队伍建设，打造刑侦铁军。杨春一直是刑侦队主心骨，有他在的地方，战友们总会觉得特别安心，群众总是充满安全感。

2017年年底，一封举报信送到了杨春的面前，他通过举报内容，觉察到这不是一件简单的案子。便组织同事秘密侦查，通过资料和证据收集，他发现这帮人在宁德市古溪村开设赌场、打架斗殴，民众生活受到巨大干扰，居民苦不堪言，对报警的居民犯罪分子还会进行打击报复。因为害怕报复，所以要居民配合来固定证据的难度很大。杨春穿着便装挨家挨户走访，给群众讲政策、做笔录。为保护受害者，他们谈话地点可能在居民家，也可能在私家车上。经过杨春和同事们50多天的走访，确定了犯罪分子的犯罪事实，随着全国扫黑除恶专项整治活动的实施，对古溪村这帮犯罪分子的抓捕也提上了日程。为确保抓捕行动万无一失，杨春勘察典型城中村——古溪村的复杂地形，调动无人机绘制详细的抓捕地图。最后，"一举成功抓获涉案人员66名，破获个案33起"，将这个涉黑组织连根拔起，在铁证面前，所有犯罪嫌疑人在法庭当庭认罪。像这样兢兢业业、细致入微地开展侦查的工作案例还有太多太多，在他并不算长的职业生涯中，"他破获部督案件6起，省督案件39起，参与、组织侦破各类刑事案件3100余起，辖区命案破案率高达97.8%"。

带领组织向黑恶组织坚定亮剑，带领战友们为单位屡屡争光，但当他去世后，人们才发现他个人的荣誉少之又少，仅有个人二等功1次，三等功2次。带着同事去抓捕吸毒杀人后，又带刀逃跑的嫌疑人时，他把同事挡在身后，自己冲在最前面。面对同事的疑问："春哥，当时要是他的刀砍下来，你怎么办？"紧急情况下他可能根本没有来得及想这个问题，事后他调侃着说："你看我，我这块头这么大，如果那两刀过来，我应该还能扛得住。看你那小胳膊小腿的，给你一下你就受不了……"

面对局里表彰推荐，杨春总是毫不犹豫地推辞，他说："哎呀，这些案件都是你们很辛苦地在办，你们比我辛苦100倍，我是老同志了，我不需要这些功。给你们功，就是对你们办案能力的认可……"他把所有的立功机会都让给了一线的办案民警。

择一事，终一生。杨春言传身教，以榜样的力量感召人。自 2007 年以来，蕉城刑侦大队刑侦业务考评连续 12 年位列宁德市第一，成为一支响当当的刑侦铁军。

鞠躬尽瘁死而后已

视工作为一切，当同事发现他手捂胸口的动作，劝他去看医生时，他总说没时间；看到他不舒服，家人劝他去医院检查，他却把检查结果藏在了办公室。杨春去世后，家属在整理遗物时，在他的办公桌里找到了当时的检查报告。报告上赫然写着："患者心脏冠状动脉粥样硬化，建议进行冠脉造影进一步诊断，但患者拒绝，要求保守治疗。"一心只有扫黑工作，为工作一再推迟手术时间，直至最后倒在了工作岗位上。因为心中有民，所以心中有戒。杨春常跟民警说："人都有私心，但私心太重就会迷失本心。我们都是头顶国徽的人，办了'金钱案''关系案'，我们就是历史的罪人。"面对朋友提着茶叶为涉案人员说情，朋友走后，发现茶叶中有巨额现金，他立即报告组织，退回了钱和茶叶。杨春经办的数千起案件中，纪检监督部门从未接到有关于他的举报和投诉，分管部门的民警也从未出现违法违纪问题。

他不忘初心，以铁一般的担当，做党和人民的忠诚卫士。杨春肩上扛着使命、心中装着人民，却极少为自己考虑，他以"无我"之境彰显了人民公仆本色，用生命诠释了新时代公安干警的价值追求。

二、视角广场

视角一：扫黑除恶不畏艰险　用生命诠释爱国情怀

"哪有什么岁月静好，不过是有人负重前行。"杨春就是那个给人民安全感、让人民安心的人民警察。他是福建省宁德市公安局蕉城分局副局长，也是冲锋在扫黑除恶一线的战斗员；他是把时间留给人民，随时在线的人民警察，办理扫黑除恶案件时，想民之所想，对黑恶势力果断出击。他也是来不及顾家和看着女儿成人的一家之主，他还是三次因工作推迟手术时间的重病患者。

他是事无巨细的副局长，在他牺牲的前两天，记事本上的工作安排得密密麻麻。最后，走进办公室的他就再也没有出来，将他的生命奉献给了他小时候就梦想的事业——人民警察。他是祖国和人民的忠诚卫士，是扫黑除恶的"无我"英雄。

视角二：坚定理想信念铸牢职业操守的铜墙铁壁

只要能当警察，就算是临时工也愿意的杨春，作为蕉城刑侦大队大队长带领警队获得无数集体荣誉，而个人成绩却寥寥无几，时常跟民警说要对得起头顶的国徽，主动上报朋友为黑恶势力说情赠送的巨额钱财，为群众少跑路变通工作方式。

心中烙印着理想信念、记挂着黎民百姓、坚守着职业道德，不怕黑恶势力的威胁，是案就查，不管对方什么级别。为工作卖命，却把评优评先机会总是留给一线民警。杨春牺牲后，被追授为"全国人民满意的公务员"和"全国公安系统一级英模"。

"春哥，'8·1'专案今天成功转立'3·15'专案，您的这个心愿，我们已了。"

"春哥，'3·15'专案今天成功起诉，跟您报告一下！"

"春哥，想你……"

转眼已7个月过去了，民警詹益冬还是会忍不住发微信给杨春，或是报告案件的最新进展，或是表达自己的想念之情。只可惜，他永远也等不来这位老大哥的回复了。

——中国文明网 2019年8月30日

三、思考讨论

1. 杨春为什么敢于同"黑恶势力"相抗衡？
2. 杨春的个人事迹体现了哪些优秀精神品质？

四、案例点评

时代楷模杨春的事迹感人至深，用生命阐释了他是祖国和人民的忠诚卫士，他身上爱岗敬业、淡泊名利、心系百姓、不畏牺牲的精神品质，是新时代中国警察的优秀代表，是全社会学习的榜样和楷模。大学生处于理想信念定型的关键期，良好的引导教育事半功倍，杨春的先进事迹，具有深远的教育意义和深刻的激励作用。新时代大学生要高举中国特色社会主义伟大旗帜，坚定理想信念，树立正确的世界观、人生观、价值观，弘扬爱国主义情怀，砥砺保卫祖国的初心，扛起"天下兴亡，匹夫有责"的时代大任，脚踏实地地践行社会主义核心价值观，成为正能量的发散中心和党的声音的传递者。在思政课知识点讲授时引入，以事迹增强学生对知识点的理解和把握，从而从思想上产生共鸣，种下忠诚于祖国和人民的正义之花。

五、教学建议

1. 本案例可用于高等教育出版社2021年版《思想道德与法治》第三章"继承优良传统　弘扬中国精神"、第四章"明确价值要求　践行价值准则"的辅助教学。

2. 科任教师可结合时代楷模杨春的事迹报道视频，进一步整理资料，丰富案例形式：

①《杨春：扫黑除恶　初心为民》，央视网 2019 年 9 月 2 日 http：//www.wenming.cn/sdkm/yc/yxjl/201909/t20190902_5239550.shtml。

②《时代楷模发布厅》：杨春，央视网 2019 年 9 月 2 日 https：//v.qq.com/x/page/j0920azmlva.html。

案例四　黑城风沙的阻挡者：苏和

一、教学案例

苏和是阿拉善盟政协原主席，退休后，放弃安逸舒适的城市生活，回到额济纳，来到荒无人烟的西夏古城黑城遗址脚下，冒着风沙和酷暑，种植梭梭树防风固沙。在黑城伫立着著名的黑城遗址，但遗址的周边是一眼望不到边际的荒漠，如果任由环境继续恶化下去，黑城遗址将被风沙掩埋，不复存在。

条件艰苦　信念坚定

"这地方常年刮西北风，刮过来的沙子堆积得和黑城城墙一样高，眼看就要把黑城埋了。我发誓要栽活一片树，好好保护这个历史遗迹。"苏和说。

万事开头难，加上隔行如隔山，最开始的种植工作并没有想象的那么顺利。首先面临的问题是沙漠气温高，植物种植不易存活；另外，沙漠里水资源稀缺，种植植物后保证水的供应是一个难题；最后，在沙漠究竟适合种植什么样的植物,这是摆在苏和这个门外汉面前最首要的问题。

生活上条件就更为艰苦,黑城距离最近的镇上有30多千米,他和老伴儿只能一个月去镇上采购一次生活物资。沙漠中没有电,生活照明只能依靠蜡烛,平时生活大多都是白水煮面,因为蔬菜等食材根本无法存放。

就是在这样艰苦的条件下,二老扎根沙漠,靠秉烛夜读学习植物种植的相关知识,向专业人士请教学习,经过反复实验,最终确定种植梭梭树。缺水,苏和他们就地取材,他邀请之前的同事带上专业设备,来帮他们凿井取水;为了充分保护水资源,又能保证植物生长所需水分,他研究出了根部浇灌的方法,节水又高效。为降低种树成本,苏和自己研究并建立了梭梭树苗圃。"培育的梭梭苗不但解决了自己用苗的需要,而且每年向周边农牧民提供,多的时候一年有三四万株。"苏和说。

每当人们问及他为何无偿把辛苦培育的梭梭树苗免费送给周边的人们,他淡然地说,他来这里就是种植绿色的,能有更多的人加入这个队伍中来,他很高兴。而且,通过周边的人们的广泛种植,能够更好地起到防风固沙的作用,他来种树的初衷就是这个。

在植树防风固沙的过程中,没水、没电的生活可想而知,但他们克服艰难困苦,最后成功种植梭梭树,并在该地区普及了梭梭树种植技术,信念坚定,毫无畏难情绪。

心中有党 立场坚定

周边牧民养的骆驼,是苏和时刻要提防的动物,一不小心它们就会光顾梭梭树林,啃吃树叶。所以,他们每天都要蹲守。沙漠中白天气温高,苏和每次提着大壶水出去,回来的时候水壶喝干净不说,嗓子渴得直冒烟。虽然有过离开的想法,但看着满眼黄沙和已经育活的梭梭树,他又更加坚定了自己的想法。

期间，也有人劝他体谅自己和家人，回到城市过舒适的晚年生活，但是苏和说："在这儿造的林子，造不下去了，待不下去了，我也得坚持。否则别人说，老苏，你看他不是出名来了，待不下去了你看，叫别人干可以，自己干不动。那我这张老脸没办法搁下去了，我没办法见人，从个人角度来说；从另外一个角度考虑，起码不要损坏党的形象。"

想着不让自己和党丢脸，硬是要干出一番成绩来，正是抱着这样对党和人民负责的心态，他立场坚定，任凭自己年事已高，任凭身处广袤的黄沙之地，仍然充满希望和斗志。

心系牧民　福泽后代

苏和和老伴自己吃穿朴素，但对于牧民却非常慷慨。见着来要梭梭树苗的牧民，苏和总是无比开心，让牧民自己去苗圃挖，而且不收牧民的钱。

"有的牧民开三轮车来，有的开皮卡车来。要个500~1000株的，我就说，你自己到苗圃挖吧。"看着牧民们积极参与治沙造林，苏和心里乐开了花。

东风镇宝日乌拉嘎查的党支部书记札木青想种梭梭树，苏和爽快地答应了，并主动教他育苗和种植技术，路途遥远，扎木清总是来回跑。在老苏的带领下，很多牧民加入种植梭梭树的队伍，走上了致富之路。原因在于梭梭树不但可以防风固沙，其根部寄生有传统的珍稀名贵补益类中药材肉苁蓉，具有较高的经济价值。

有人说，每个生命来到世间，只要有足够的耐心，足够的行动，就会一点一滴地改变这个世界。的确，苏和改变了世界，至少他让他周围的世界变得更好了。

心系牧民，福泽后代。听起来容易，做起来难。苏和在防风固沙、植树育林的路上越走越远、越走越坚定,也让更多的牧民、单位、志愿者加入这个队伍中,最终形成一股强大的力量,为遏制环境恶化奉献自己平凡而伟大的力量。

二、视角广场

视角一:强党性 退休后还想再做点事

苏和退休后依然坚持活跃在基层,战斗在一线,是党性强的典型代表。总想以一己之力,为国家和人民、为家乡再做点事。有人曾对苏和到沙漠里种梭梭树的行为表示不理解,放着清福不享,折腾自己到荒漠去劳心费力。可后来,不知不觉地,越来越多的人被感动,单位、牧民、热心公益事业的志愿者……更多的人逐渐加入这个队伍中,队伍日渐壮大……人与人之间有了一种爱的循环。

他们同苏和一样,没有慷慨激昂的誓言,没有感天动地的壮举,本着最朴素的人文关怀、最简单的人间大爱,积极乐观却执着坚守,默默为社会和城市的发展奉献自己的力量。

视角二:践行社会主义核心价值观的典范

坚守岗位,奉献社会。积极践行"富强、民主、文明、和谐,自由、平等、公正、法治,爱国、敬业、诚信、友善"的社会主义核心价值观,立足平凡岗位,创造不平凡的人生。以个人力量,为改善环境、造福人民真正做到了"鞠躬尽瘁死而后已"。平凡的人给我们最多感动,恰恰是这些平凡而又不凡的人,铸就了一个大写的"人"字。苏和老人的事迹,是老一辈共产党员立足岗位、扎根基层的先进典型,他们以实际行动践行社会主义核心价值观,用自己的双手助推社会主义现代化建设。

三、案例讨论

1. 是什么让他提前离岗,坚定回乡,扎根荒漠?
2. 是什么让他克服了荒漠中的所有艰难困苦?

四、案例点评

在中国中小学生的成长路上,"保护环境,人人有责"的标语伴随我们一路成长。退耕还林;预防为主,防治结合政策;谁污染,谁治理政策;强化环境管理政策等政策的出台,充分展现了我们国家对于环境保护的高度重视。良好的生态环境是人和社会持续发展的根本基础。面对资源约束趋紧、环境污染严重、生态系统退化的严峻形势,必须树立尊重自然、顺应自然、保护自然的生态文明理念,同时要建立保护生态环境所必需的制度。1989年12月26日通过的《环境保护法》明确了立法目的,即保护和改善生活环境与生态环境,防治污染和其他公害,保障人体健康,促进社会主义现代化建设的发展。这也是一切单位和个人应尽的义务。

新时代大学生应该投身社会主义现代化建设,传承"工匠精神",把个人理想根植于国家理想,用实际行动践行社会主义核心价值观,自觉培养热爱祖国、忠诚于党、无私奉献的高尚品德。坚定理想信念,弘扬中国精神,从身边小事做起,为建设美丽中国,坚持人与自然和谐共生、构建生态文明建设奉献我们的力量。

五、教学建议

1. 本案例适用于高等教育出版社2021年版《思想道德与法治》第二章"追求远大理想　坚定崇高信念"、第五章"遵守道德规范　锤炼道德品格"的辅助教学。

2. 教师进一步收集视频和图片，把上述事件做成PPT，图文并茂，更具有感染力，视频网址：

《时代楷模发布厅：苏和》：https：//v.qq.com/x/page/l01281xmbbv.html。

案例五 "全能型"80后纪委书记：李夏

一、教学案例

当80后、90后逐渐退居热词榜时，这个年代出生的人已逐渐迈向青年，承担起家庭、工作的重担，成为社会的中流砥柱。李夏便是众多80后的一员，但他更为成熟，在自己平凡的工作岗位上，做出了不平凡的事情，并将自己的年轻生命付诸青春诺言，生命永远定格在33岁。

李夏微信签名处赫然写着"初心不因来路迢遥而改变，使命不因风雨坎坷而淡忘"，他用年轻的生命撑起百姓生活中千千万万的困难，工作第一、人民至上，是履行不忘初心使命、砥砺奋进的优秀共产党人的先进典型。

2019年8月，第九号台风"利奇马"登陆浙江沿海，当时李夏工作的安徽省绩溪县荆州乡受台风影响，发生强降雨和大风天气。当时作为荆州乡纪委书记的李夏，在听说当地敬老院进水、院里的老人被困后，他们工作人员一行立马赶到敬老院，迅速转移老人到安全地带。紧接着又得到消息，下胡家村口发生塌方，安徽省绩溪县荆州乡乡党委委员、乡人大代表王全胜在接受时代楷模发布厅记者采访时说："我们刚刚走到那个地方，忽然一下子，一棵大树、泥土、沙石全倒下来……我说这样吧，小李你到敬老院去协助院长，把这些群众继续关照一下。"李夏说："洪水这么大，我跟你们一起去救人啊、救灾啊！"一起巡查了几个受灾点后，他们正准备赶往下一个受灾点，此时山上传来一阵刺耳的声音，来不及更多地思考，刹那间，滑下来的泥石流将李夏冲走，消失在同行人的视野中，也将他的生命定格在33岁，他用自己的行动书写了人生短暂而精彩的华章。在他的同事口中，李夏是那个遇到危险、群众有困难时，总是冲在最前面的人。

他在工作日记的第一页写着"极耐得苦，故能艰难驰驱"，在宣城人民政府网可见，年纪轻轻的李夏，任职经历丰富，得益于他心系人民、熟练的业务能力和不断追求的上进心。正如他微信签名所说：初心不因来路迢遥而改变，使命不因风雨坎坷而淡忘。现实生活中，他用他的一言一行践行着他的座右铭。

2018年在调查党员干部换届选举拉票案件的过程中，李夏认真对待群众的举报，逐一排查举证。面对很多当事人模棱两可的态度，李夏动之以情、晓之以理，对于当事人长安镇镇头村党总支书记多次登门拜访，面对当事人的抵触情绪，他总是笑脸相迎，不断地给他做思想工作，传达党的纪律和要求。最后，当事人深刻认识到自己的错误，在调查文件上签字确认。当事人说，别看李夏是个年轻人，但很会做工作，要是别的人来，他是绝对不会签字的。"这个案件的处理起到了很好的震慑和警示教育，确保了这个2018年的换届能够风清气正，也为我们的基层组织能够发挥战斗堡垒作用，起到了一个很好的促进作用。"绩溪县常委纪委书记在接受采访时说。

作为纪检干部，他时刻提醒自己并在工作笔记中写着：想一想，对"大诱惑"有没有动过心，对"小意思"有没有沾过边，对"微腐败"有没有黑过脸。时刻警醒，时刻保持清正廉洁。在一次监察系统廉洁文化征集活动中，他借着亲自制作陶瓷笔筒的机会，给年幼的女儿上了很好的一堂家风和廉洁课。在工作人员整理的视频资料中，记录着他手把手教女儿在笔筒上刻下"清心为治本，直道是谋身"字样的画面，虽然现在李夏已经去世，但在他女儿心中种下了希望的种子。

对待百姓，就像对待自己的家人一般，所以百姓也就把他当成了家人。刚到绩溪县工作的时候，听不懂方言，他就逐字逐句学，用了三四个月就能与乡亲们交流自如。担任长安镇纪委副书记期间，他被安排作为高杨村的联村干部，菊花是这个村的主要经济来源，但是村民不懂种植技术，产量和效益很低，而且还会遭遇病虫害。李夏在自己家乡请来专家"问诊把脉"，教村民们种植技术。村民王秀萍说，后来病虫就全部没有了，看着长得郁郁葱葱的菊花，很喜庆、很喜庆，她一去看高兴得要命，这个菊花完全是李夏帮我们救活了。高杨村的菊花大丰收，"走出去"又成了摆在村民们面前的一道难题。李夏又组织村民们开始修路，亲自丈量、亲自把关，还要协调邻里之间占地、补地的矛盾，路修通后，村民们的收入和生活水平都显著提高了。另外一位李夏经常帮助的村民说，以前家里贫困，李夏就经常打电话询问情况，今年翻修房子时，李夏还打过电话来关心情况，感觉比自己的儿子还要亲，还说等房子修好后，请他到家里来坐坐，他却再也来不了了。

细数李夏生前工作和生活的点点滴滴，没有惊涛骇浪，有的只是生活的点滴和对工作的热爱。会跑 150 千米的路程，只为看一眼之前受伤的帮扶对象；有机会调到城里去，却坚持工作在乡村。每当有人问起，他总是说："我就是喜欢跟老百姓打交道，在基层工作感觉很踏实。能为老百姓做点实实在在的事，内心充满成就感。"

工作永远是第一位的，在工作中遇到出差，吃得简单，住得简单。他说，不值当多花钱，作为纪检干部，更要以身作则，注意影响，不能让别人误会、说闲话。面对家中妻儿，他对妻子说："工作总得有人去干，咱不能辜负了组织培养。"就在他去世之前，还与女儿约定回去给她的电话手表买卡,没想到李夏却食言了。但他兑现了对党和人民的责任和担当,履行了作为人民公仆的职责。

二、视角广场

视角一:勇于担当作为　践行初心使命

李夏作为基层年轻干部,工作中履职尽责、不怕吃苦、不畏牺牲,全心全意服务百姓生产生活,每到危难关头他总是最前排的冲锋兵、突击队。扎根贫苦基层,立足平凡岗位,做出不平凡的业绩,用生命阐释"为人民服务"的精神真谛。拦不住救灾抢险冲到一线的他,忘不了贫困户家"帮扶明白卡"上密密麻麻的帮扶记事,替不了在他心中"工作第一"的坚定位置……他是勇于担当作为的年轻基层干部,是用行动和生命践行初心使命的共产党人,就如写在他工作本上那句"极耐得苦,故能艰难驰驱"。

作为新时代的大学生,好高骛远不能有,感恩之情不能忘,要有将青春热血洒在祖国需要的地方的抱负,牢记吃苦在前、享受在后,真正担起民族复兴的时代大任!

视角二:立足岗位　履职尽责、爱岗敬业

李夏扎根基层、立足平凡岗位,平常时刻,兢兢业业做好每一项工作,全心全意做好服务群众的每一件事;在超强台风"利奇马"肆虐、人民群众生命财产安全受到重大威胁的关键时刻,不怕牺牲,冲锋在前,抢险救灾。

使命呼唤担当,榜样引领时代。李夏是基层党员干部的楷模,是新时代纪检监察干部的标兵,是全省广大党员干部的学习榜样。党员干部要学习他坚定理想信念、对党绝对忠诚的政治品格,认真履职尽责、敢于担当作为的敬业精神,心系人民群众、增进群众福祉的公仆情怀,践行"三严三实"、坚持真抓实干的优良作风。要对标先进、见贤思齐,牢记初心使命,甘于奉献,勇于担当,善于作为。

爱岗敬业显担当,真抓实干有作为。党员干部无论在什么岗位、从事什么工作,都要像李夏一样立足岗位,履职尽责。要本着对事业负责的精神,干一行、爱一行;要瞄准"能干事、干成事"的目标,努力提素质、强本领;要对照作风建设的要求,求真务实、真抓实干,用实际行动彰显新时代新担当新作为。

——中国文明网

大学生就业难,公司企业招聘难,这是目前就业市场面临的一个奇怪现象,毕业生难以找到心仪的工作,单位难以遇到满意的员工。归根结底,还是我们立足岗位不够,不能做一行、爱一行,面对困难想得不是挑战而是如何逃避。李夏同志的履职尽责、爱岗敬业正是我们学习的榜样和典范,敢于立足平凡,创造非凡的价值。

三、思考讨论

1. 作为大学生,我们应该学习李夏同志哪些优秀的精神品质?
2. 你如何看待初心使命?

四、案例点评

80后李夏是当下基层干部中坚力量的缩影,随着大学生村官、"三支一扶"、志愿服务西部计划等一系列国家政策的出台,乡村、基层治理的干部逐渐年轻化，其中涌现出了很多优秀的代表，李夏便是其中一位扎根基层、立足岗位、尽职尽责、爱岗敬业直至奉献出生命的优秀青年代表。本案例中，李夏的事迹充分体现了不忘初心使命、爱岗敬业、履职尽责等基层公务员的优秀精神品质。案例主人公与高校学生年龄相差不是很大，事迹本身感人，整体来说在学生中间具有感召力和影响力。在思政课中适时引入，能更好地阐述知识点，充实课堂内容，加深学生思考，增强课堂融入性。

五、教学建议

1. 本案例适用于高等教育出版社 2021 年版《思想道德与法治》，第一章"领悟人生真谛　把握人生方向"，第五章"遵守道德模范　锤炼道德品格"的辅助教学。还适用于高等教育出版社 2018 年版《毛泽东思想和中国特色社会主义理论体系》第九章"坚持和发展中国特色社会主义的总任务"，第十章"'四个全面'战略布局"的辅助教学。

2. 教师进一步收集视频和图片，把上述事件做成 PPT，图文并茂，更具有感染力，视频网址：

《时代楷模发布厅：李夏》https：//v. qq. com/x/page/x3014aez59v. html。

第六章

党员干部的初心使命

案例一 "当代愚公"的"大发渠":黄大发

一、教学案例

"山高石头多,出门就爬坡,一年四季苞谷沙,过年才有米汤喝。"这是贵州省遵义市播州区平正仡佬族乡草王坝村当地的民谣,民谣里讲述了这个村的地形以及生活状况。村民说这个地方基本上是"十种一收",种十年的庄稼只有一年的好收成,自然环境恶劣,缺水是这个村最令人头疼的事情。

时任村支书的黄大发,刚上任,便在心中暗暗下定决心,一定解决村民用水问题。他说,我的梦想是吃大米饭,下定决心,排除万难,争取胜利,我就能够把这个水拿到草王坝,拿生命来换水。经过黄大发和村民的考察,旁边的野彪村水源丰富,但是两村之间被绝壁和大山隔断,要想获得水,只有修建水渠引水过来。黄大发立志要把旁边村的水引过来,解决村民缺水的困难。

"写申请报告，实际上每年都要写几次，我们就是'死赖'。你不批我们就再写，不批就再写……终于，成功批复过后，老百姓、领导干部都高兴了。"村民说。办理了修渠手续后，黄大发开始带领老百姓修建水渠。修建过程并没有想象的那么容易，需要在两点之间的三座大山中间凿出水渠。一方面设施设备有限，没有先进工具，甚至连基本的安全防护措施都没有；另一方面在悬崖峭壁上施工，可以说"人无立锥之地"，这两项都是摆在修渠面前的难题。测量是目测和用竹竿估计，没有水泥就用泥巴。早上上工走在最前面，收工走在最后面，每天起早贪黑，既要确保工程进度，又要确保人员安全。期间苦苦坚持了十一年，因为技术有限，每当遇到洪水，水渠就会被冲垮，没有技术指导，各种尝试都宣告失败后，黄大发无奈地选择了放弃。看着让百姓吃上大米饭的愿望成为泡影，黄大发内心满是歉疚，修渠也成了他的"心病"。

一次邻村居民的嘲笑，问他沙包饭好吃还是大米饭好吃，刺痛了黄大发的心，他回家后当即决定二度修渠。有第一次修渠失败的经历，再修的决定让村民们犯起了嘀咕。这一次他不仅要得到村民的支持，还要再次通过水利部门的许可。水利局接待他的干部现在回想起当时的情境，仍旧觉得心酸不已。走进办公室的黄大发，寒冬腊月穿着单裤和解放鞋，解放鞋前面裂开了口，连脚指头都露在外面。最终在领导和村民的支持下，二次修渠开始动工了。动工前，黄大发自学了水利知识，水利局也对此次修渠进行了监工和验收。但在修渠过程中，要在悬崖峭壁上凿渠，谁都不敢第一个尝试。这时候，黄大发站了出来，成了悬崖上开路的第一人。他说测量要他自己亲自去，如果要摔下去他自己摔下去，他不要让别人摔下去。垂直的悬崖，一旦摔下去，一定会没命。黄大发说："我本身是个共产党员，要敢于担当，我不怕。只要我不怕，他们就不会怕。"

村民赵立文在接受采访时，讲述了自己在修渠过程中差点摔下悬崖的惊险一幕，但回过神来后又继续投入了修渠工作。他说，只要干得动，就要干。黄大发感动于村民们的执着和大力支持，在黄大发的带领下、村民的努力下，经过三年艰苦卓绝的奋斗，水渠终于修好了，潺潺的清水流进了草王坝村，也把生活的希望埋在草王坝村民的心中。

水渠修好落成的那天，村民们脸上洋溢着幸福的笑意，而面对巨大修渠困难没叫一声苦的黄大发，默默地流下了眼泪。一路艰辛，个中滋味，在这一刻都涌上了心头。黄大发的外孙女说，在外公面前不能提及二姨，害怕他伤心。当年二女儿病重，原本等着黄大发修完水渠，再带她去医院做检查，结果耽误了治疗时机去世了。孙子在修渠期间也去世了。现在提及，黄大发说："心里难受，连死的那天我都在渠上，女儿死了，那些人才喊我。有人说，我女儿死了，我得回去。"他儿子说，这件事虽然心酸，但不能损害老百姓的利益。"不能停工，修渠是最重要的事"，修渠到了最关键的时期，承载着乡亲们的希望和重托，顾不得悲伤、来不及休息，料理好后事后立马又投入工作中。

"我们要有愚公移山的精神，挖一点就少一点，子子孙孙不会穷尽的。"正是有着这样的觉悟和坚持，才有了最后的胜利。村民将这条水渠亲切地称为"大发渠"。半生奋斗，为民生计呕心沥血。水渠修好后，黄大发主动请缨担任水渠维护员，一遍又一遍巡视看得比他的生命还重要。

除了修水渠，黄大发还致力于乡村公路建设和改善村辖区内教育设施，督促村里的孩子上学。他深知教育的重要性，每当有孩子辍学回家，他就会上门做学生和家长的工作；学校老师觉得工资低，想辞职，他又去做老师的思想工作；想办法改善村小学硬件设施和学习环境。在黄大发的坚持和推动下，原本贫困落后的草王坝村，也走出了20多名大学生，多少孩子和家庭的命运就此被改写。

二、视角广场

视角二:坚守初心使命 助力攻坚脱贫

入党时,黄大发就决心"全心全意为人民服务到底,当好群众勤务员,不怕牺牲、不怕困难"。所以他时刻牢记自己的党员身份,事事争先,别人不敢啃的"硬骨头",只要是有利于民,他都冲在最前面。心中有信仰,人民有期待,所以他总是有无尽的动力。

担任村支书时,带领人民修渠、修路、修学校,督促学龄儿童按时上学;退休后,时刻不忘自己是党员,"虽然不是支部书记了,但我还是共产党员,党员的身份和责任不敢忘",扛起水渠维护的重任。黄大发的一生都在践行党员的初心使命,用自己的行动肩负干部为民服务的责任,退休后继续发光发热,为民谋福利。他用自己单薄的身躯,让草王坝村喝上干净的水、走上宽敞的马路,让草王坝村的孩子们走出大山,切切实实紧跟党和国家的步伐,不等不靠,自主走上脱贫攻坚的道路。

视角二:艰苦奋斗 不怕吃苦

人固有一死,或重于泰山,或轻于鸿毛,用之所趋异也。人的一生总要留下点什么有意义的,生命才更显可贵。黄大发发扬了共产党人艰苦奋斗、不怕吃苦的优良品质,也传承了中国农民朴素、善良的优秀品德。村里的路通了,孩子们都考上了大学,村民们也喝上了清澈的水、吃上香喷喷的白米饭。而黄大发失去女儿和孙子时未能见上他们最后一面,成为他心中永远的遗憾。自家住的还是简易的木板房,修渠用的水泥堆得像山一样高,黄大发不让浪费一点,溢出来的都小心翼翼地清扫入库。自己灶台坏了,让他拿点来补,他斩钉截铁地拒绝了。修渠的艰辛和失去亲人的悲痛，都化作竣工那刻的泪水，但他内心充盈，他的精神世界是丰富的。

三、案例讨论

1. 黄大发为什么要带领草王坝的人民群众消除贫困，改善民生？
2. 结合案例谈一谈应当如何开展"不忘初心，牢记使命"主题教育？
3. 发展农村教育事业的意义？

四、案例点评

习近平总书记强调："没有远大理想，不是合格的共产党员，离开现实工作而空谈远大理想，也不是合格的共产党员。"面对"四大危险"和"四大考验"，如果你信念不坚定，理想不执着，精神上就会"缺钙"，得"软骨病"，一批批贪官落马就是有力的佐证，黄大发"三个不忘"。就是心中有党，心中有民，心中有责，心中有戒。用行动画出了"四讲四有"合格党员的标准，是用特殊材料制成的优秀共产党人的至真独白，值得党员干部深思、看齐、致敬、学习。

民生是人民幸福之基，社会和谐之本，带领人民群众创造幸福生活，要顺应人民群众对美好生活的向往，坚持以人民为中心的发展思想，以保障和改善民生为重点，发展各项社会事业。黄大发的先进事迹就是共产党人带领人民脱贫致富的缩影，"立下愚公志"，不等不靠走上脱贫致富路，切实践行了社会主义核心价值观。新时代大学生要牢固树立"四个意识"，以敢于担当奉献的精神和脚踏实地的工作作风，"撸起袖子加油干"，为实现中华民族伟大复兴奉献青春力量。

从社会管理视角来说，党和政府要加强公民道德建设，提高人民思想觉悟，提升社会文明程度，强化基层治理，实现社会良性运行和协调发展，构建和谐社会和美丽中国。该案例在理想信念教育、党性教育、勤俭节约教育、艰苦奋斗教育中具有典型性，授课教师可适当融入，增强授课生动性。

五、教学建议

1. 本案例适用于高等教育出版社 2018 年版《毛泽东思想和中国特色社会主义理论体系概论》第十章"'五位一体'总体布局"的辅助教学；也可用于高等教育出版社 2021 年版《思想道德与法治》第五章"遵守道德规范　锤炼道德品格"的辅助教学。

2. 教师进一步收集视频和图片，把上述事件做成 PPT，图文并茂，更具有感染力。视频网址：

①《时代楷模发布厅：黄大发》

https：//v.qq.com/x/page/e03981tukvm.html

②CCTV7《2017 三农人物》"当代愚公——黄大发"：https：//v.qq.com/x/page/o05424kayyz.html

3. 建议学生进一步阅读书籍《时代楷模黄大发》《山神》。

案例二　视居民为亲人的社区书记：吴亚琴

一、教学案例

吴亚琴在长春市宽城区团山街道长山花园社区任职党委书记、居委会主任，关于社区名字的来历，正是吴亚琴社区书记职业生涯的开端。她原本是吉林省胜利零件厂的中层干部，被工厂派到社区工作。用她自己的话形容"女人性别、男人性格"的她,骨子里认为这就是社区大妈干的事儿,不服输、有干劲的她不愿意接受这样的安排,任命通知下来十多天了都没有去报到。

社区大姐一顿猛敲门,"吴亚琴,你不是上居委会了吗?杀人了,你管不管?"听了这话,吴亚琴扔下手头的活就赶往案发现场,热心的性格让她不由自主地维护起了现场的秩序,自此她走上居委会工作人员的岗位,一干就是20多年。

与人打交道,是一件劳心劳力的事情,何况作为社区书记,需要经常与群众接触,帮助群众排忧解难,也常常"吃力不讨好",得不到群众的支持和理解。这些在吴亚琴的词典里,都不是难事儿。

长山花园社区的更名

长山花园社区绿树成荫、秩序井然,社区基础设施完备,幼有所乐、老有所依,一片欢乐祥和的景象。在这背后,是曾经被叫作"花园"都遭到嘲笑的过去。刚上任的吴亚琴,信心满满,向社区书记申请更改社区名字为"长山花园社区"。吴亚琴说:"当时我们的领导都笑喷了,你看看你们社区,一棵绿化的苗都没有,一条柏油路都没有,一块方砖都没有,脏、乱、差,你还这么有激情叫'长山花园',一朵花都没有。"

当时的长山花园社区,由国有企业管理,但企业面临倒闭,成了没有人接手的"烂摊子",更别说享受物业服务。居民说"刚开始这个小区是相当不像样子,应该是脏、烂、差",还有居民说"应该是雨天一身泥,晴天一身灰,夏天垃圾箱旁边全是苍蝇、蚊子"……

吴亚琴上任后,着手解决社区难题。社区没有像样的路,她三番五次地向政府打报告,要来了四卡车红砖。这时候又面临没有工人铺路的难题,她向工厂领导申请,工厂给工人放假两天,她亲自带领工人们铺路。社区的改变,给居民生活带来了变化,也带来了希望,人们也更加信任新书记吴亚琴。冬天寒冷，暖气管外露，吴亚琴带领居民从自己家带被褥缝好当门帘；物业不作为，吴亚琴带领居民几次更换物业公司，最后发动社区居民实行自主管理。居民说，实行自治，最大的改变是环境，其次是民心，民心齐啊！每到冬天，小区需要清雪，都不用呼吁，居民便自发出来清扫积雪。

看着现在名副其实的社区花园，吴亚琴说："用现在的话说叫中国梦、社区梦，但那时候就是个人梦想。""在2001年给自己立下的这样一个梦想，到今天就成为现实。"梦想成真的喜悦里，付出了心酸和泪水，但收获了无价的群众信任。

把群众的事当成自己的事

有些人民公仆说，有些人民公仆做，有些人民公仆说到做到。在长山花园社区有一个顺口溜："社区工作者，上管天，下管地，中间管空气。从出生到老去，没有咱不管的。"这也是在吴亚琴带领下，社区工作人员、志愿服务者工作内容的真实体现。"居民就是我的家人，居民的事儿，就是爹的事儿，妈的事儿，兄弟姐妹的事儿，只要居民有需求，我们就多做些。"这是吴亚琴常挂在嘴边的话，她是这么说的，也是这么做的。

帮助下岗工人再就业，宁愿自己低三下四地求人给岗位、留机会，也要帮助社区居民改变物业现状。自己担保还掏钱，帮助社区区民争取摊位和进货，创办加工厂。"帮钱、帮物、帮思想、帮能力、帮技术，坚持长久解决问题。"

社区管理现代化，社区服务便捷化。为解决社区老人安置、小孩放学无处可去的难题，她组织社区党员和居民建成志愿服务队，结对帮扶，并创办养老服务和"蒲公英少年之家"公益课堂，让老人和小孩安心，让年轻人工作得安心。面对孤寡老人和失独老人，实行社区包干，社区料理他们的生活和后事。更有甚者，老人去世之前的心愿就是来世和吴亚琴做真母女，如果没有十分的付出，哪来这一份临终最真挚的遗愿。她使生活在长山花园社区的老人们真正实现了老有所养、老有所依、老有所乐。

多年来，吴亚琴也用成绩，向社区居民交出了满意的成绩单："长山社区先后帮助下岗失业人员申请办理贷款 20 多万元，先后让 539 人重新上岗，100 多人自主创业当上小老板。"

只有我们把群众放在心上，群众才会把我们放在心上；只有我们把群众当亲人，群众才会把我们当亲人。吴亚琴 20 年倾心为民众服务，居民也一呼百应团结干事筑和谐……

陪伴家人少却坚持培养社区年轻人

全身心投入工作，心里想的都是居民，自然陪伴家人的时间就少了。她的女儿说，2003 年非典正值她高考，吴亚琴为了照顾社区从北京回来的人，三天没有回家。她觉得自己的妈妈和别人的妈妈不一样，没把自己放在心里，不爱自己。后来和爸爸一起陪着妈妈上班，看着她为生病的老人擦拭身体、端屎接尿，也忍不住去帮忙，那一刻才理解了妈妈。

来社区工作的年轻人，吴亚琴也当作自己的儿女来带，要求严格，容不得他们犯一点错误，偶尔急了，也会批评教育他们。正是因为这样，现在的长山花园社区工作队伍是一支"招之则来，来之能战，战之必胜"的先进基层工作队伍。

二、视角广场

视角一：践行社会主义核心价值观　干好人民公仆事

吴亚琴说把之前的"脏、乱、差"社区改名为"花园社区"是当时的一个梦想,也是给自己设立的目标,现在来说就是中国梦、社区梦。无形中,她做了社会主义核心价值观的践行者、助力者。在党委书记的岗位上,把人民放在心中,为民谋福利、创收入,改善社区居民居住环境,时刻牢记自己人民公仆的身份。她真正做到了把居民的事当作自己的事、把居民当作自己的亲人。社区群众信任吴亚琴,把自己的退休工资、社保都交由她保管,把自己的后事也托付给她,群众的认可便是她20年来用心付出的最好回馈。虽然有过高薪工作的诱惑,有过放弃的想法,但最终舍不得丢下社区大家的"老、幼、病、残、弱",也就坚定地拒绝了高薪的橄榄枝。

视角二:探索社区治理新路子 改善社区人文环境

意识形态关乎旗帜、关乎道路、关乎国家政治安全,决定文化前进方向和道路。① 作为基层治理干部,要理想信念坚定,高举中国特色社会主义现代化建设旗帜,自觉学习党的理论知识和习近平新时代中国特色社会主义精神。立足岗位,扎根基层,主动探索社区治理新模式、新方法,真正实现社区自我管理、自我发展。"社区是党和政府联系、服务居民群众的'最后一公里',社会治理的重心要向基层下移落到城乡社区。社区服务和管理能力越强,社会治理的基础就越实。"吴亚琴所在的长山花园社区是社区治理现代化、充分发挥村民自治的典型代表,她模范履行基层党组织带头人职责,创新基层思想政治工作方式方法,探索化解社会矛盾有效途径,竭尽全力为群众谋幸福,帮助群众解决了大量实际困难,用自己的行动诠释了共产党员的崇高理想和价值追求,受到干部群众的广泛赞誉。

---

① 毛泽东思想和中国特色社会主义思想体系概论 [M]. 北京:高等教育出版社,2018:223.

三、案例讨论

1. 社会治理的重要意义？
2. 大学生为什么要参加志愿服务活动？

四、案例点评

本案例主人公充分发挥人的主观能动性，以实际行动改变生活环境、影响社区居民的思想观念。把社区居民"拧成一股绳"，劲儿往一处使，硬是把一个泥泞、屋冷、下岗人员多的"破烂"小区变成干净整洁的花园式小区。吴亚琴坚信党，充分发挥党员积极性，在社区建立了 10 个楼栋党支部，在所有党员家门口挂上"党员之家"的牌子。当居民遇到难事儿，社区工作人员又不在的时候，他们可以找本楼栋的党员帮忙。通过吴亚琴的思想引领，70 岁的老人写了入党申请书，加入了中国共产党，并说要做像吴亚琴一样优秀的党员。同时，她注重倡导志愿服务，党员、居民都争当志愿者，积极参与志愿服务活动。案例主人公的事迹，具有深刻的教育意义，符合主流价值观，是青年人学习的榜样，授课教师可在授课中适时引入该案例，增强学生对知识点的理解和消化。

五、教学建议

1. 本案例适用于高等教育出版社 2018 年版《毛泽东思想和中国特色社会主义体系概论》第十章"'五位一体'总体布局"，第十一章"'四个全面'战略布局"和第十四章"坚持和加强党的领导"的辅助教学；也可用于高等教育出版社 2021 年版《思想道德与法治》第五章第"遵守道德规范　锤炼道德品格"的辅助教学。

2. 教师进一步收集视频和图片，把上述事件做成 PPT，图文并茂，更具有感染力。视频网址：

①《先锋堡垒》时代楷模吴亚琴 https：//v. youku. com/v_ show/id _ XMTY2ODE3OTE5Mg%3D%3D. html.

②央视《榜样（2）》吴亚琴：把居民当成亲人的"小巷总理" https：//v. youku. com/v_ show/id_ XMzA3ODg3NjgyMA＝＝. html.

③《人物·故事》20201104 时代楷模·吴亚琴 https：//tv. cctv. com/2020/11/04/VIDE7H9GfpzA1ZQwrOlNsNDR201104. shtml？spm＝C53121759377. P32QMZUANA4B. 0. 0

3. 建议学生进一步阅读书籍《吴亚琴社区工作法》。

案例三　肚子里有"墨水"的吃苦干部：柴生芳

一、教学案例

马克思说，我们的事业不会显赫一时，但会永远存在，在我们的墓碑前，高尚的人们会洒下热泪。柴生芳是甘肃省定西市临洮县原县长，他从甘肃考上北京大学，而后又到日本神户大学深造，学有所成的柴生芳拒绝高薪邀请，毅然回到家乡回馈家乡人民。在甘肃陇西、定西工作 8 年，后因劳累过度猝然离世。

为民服务　尽心尽力

在其先进事迹报告会上，他的同事说：在他工作期间，柴生芳跑遍了临洮县 323 个行政村，行车 4 万多千米，写下 30 本工作日记，共计 170 余万字。可能很多人都会疑惑，高学历的他为什么会选择工作强度大、工作内容繁杂的基层工作。他说:"以天下为己任,是一条无比艰苦却无比辉煌的道路。"他用自己的行动和生命阐释了"以天下为己任"的内涵,"为人民服务"的道路上充满艰辛和困难,他始终把群众放在心中,把群众的事放在首位。

一次他和同事下乡走访,半途被一位妇人拦住了去路。随行人员准备拉开时,柴生芳说:"咱们党的干部哪有害怕群众的!"车停下来后,更多的人围了上来,原来村民们是想反映村里低保不公、村支书不担当作为的情况。柴生芳听后说:"乡亲们,咱们党的干部就是为老百姓办事的,我就是为老百姓办事的,请相信能一次解决的问题,就不会让你们等第二回。"说罢,回去认真调查了该村的情况,切实为村民争取了权益。

定西地处西北地区,常年干旱,年降水量不足300毫米,居民饮水是"老大难"问题。看着群众吃水要到很远的地方"肩挑背扛",柴生芳亲自到饮水工程现场监督工程进度,力争早日解决农村居民饮水难题,也极大地推动了饮水工程进度。

他致力异地扶贫搬迁项目、南坪镇灾后重建项目、危房改造项目、居民供暖项目等;他多次深入小学课堂,了解学生上课情况,与教师共同探讨教育发展;对于临洮县污染排放超标的企业,他也敢于亮剑,为建设美丽临洮"铁面无私";心系百姓,深入百姓家开展一对一帮扶工作,获得群众的一致认可,人民把他当亲人。去世后,临洮县群众自发来到道路两边送别"博士县长",站得密密麻麻的百姓,就是对他生前为民点滴奉献的认可。

清正廉洁谋地区发展

柴生芳办公有个习惯,那就是"开门办公、开门办事",为的就是防止有人"走后门儿",搞贪污腐败。一方面时刻提醒自己保持清正廉洁,另一方面让来送礼的人知"难"而退。"不为官大官小而烦恼,不为利多利少而计较。坐得住冷板凳，耐得住寂寞，守得住清贫，你才能铸造出自己脱俗的风骨，你才能拥有博大的胸怀和气魄。"柴生芳是如此说的，也是如此做的。下基层调研，他不拿群众"一针一线"，不在百姓家吃一顿饭。同事在整理他的遗物时，房间里只有他下乡后还未来得及清洗的泥巴鞋子、几件常穿的衣服，最后留给家人的只有工资卡里的几万元钱。

"升官发财，请走他路；贪生怕死，莫入此门。"时刻警醒自己保持清正廉洁外，柴生芳为民之事、为地方发展倾尽全力。定西自然条件恶劣，基础设施落后，没有资源，也没有资金。学成归来抱着回馈家乡、报效祖国信念的柴生芳，不怕困难，直面地区发展难题，一一解锁困境，助推定西向更好的方向发展。

推动循环经济产业园建设，把安定工业园、定西现代物流园和定西马铃薯三个经济体有机结合起来，互促互进，形成经济产业链条；积极争取国家西部汽车城落户定西，大大带动了定西经济发展；为切实落实国家精准扶贫政策，柴生芳带领干部走乡访镇，写下了百多页的调研报告，为定西制订精准扶贫战略规划打下了坚实的基础。

看着老百姓想发展却没有资金支持，柴生芳设法筹集资金，与甘肃银行签订高达15亿元的金融扶贫战略合作协议，除了农业专业合作社和龙头企业外，群众也可以申请使用这笔钱。为想干事、想创业的定西群众创造了福利，带来了希望，也为早日实现地区脱贫"添砖加瓦"。

严以律己　克己奉公

高学历的柴生芳，有思考、总结写成工作笔记再实践的好习惯，在职期间书写下170多万字的感悟、心得。他可以为困难群众从民政局申请1万元救助金，受资助群众说"他就是焦裕禄式的好干部"，却从不为家人利用职务之便谋一点点福利；贫困户苟胜利家的本子上密密麻麻地记着柴生芳每次来他家带的物品，有时候直接给他家孩子学费，叮嘱孩子要好好上学、学本领,自己却忙到几年没有见过自己的亲哥哥。县委书记石琳说:"车能去的地方车去,车到不了的地方步行。他几乎跑遍了全县323个村,行程达4万多千米。"他对到访村庄的熟悉程度,连当地村干部都自愧不如。全县发展不落任何一个村庄,一直无人问津的"划不着山庄",仅住着12户人,柴生芳也不忘亲自走访了解村民情况。当地居民笑称,县长都亲自来了,我们这里不叫"划不着山庄",应该叫"划得来山庄"。

"任务上图、进度上墙",各项发展规划都在办公室的地图上详细标记,他的同事称柴生芳的办公室就是"临洮县发展作战指挥室"。每日繁忙的工作结束后,他都要阅读和学习,撰写工作日记,不断总结和提升自己,并为临洮更好的发展做规划。

勤奋自勉,清正廉洁,一心为民,严以律己,克己奉公。有着高学历,却把根深深扎在群众中。柴生芳是党和国家的好干部,人民心中的好县长。用生命践行青春誓言,用脚步"一步一个脚印"地丈量党的干部和人民的距离。

二、视角广场

视角一:坚持群众路线 走进群众心里

"群众路线,就是一切为了群众,一切依靠群众,从群众中来,到群众中去,把党的正确主张变成群众的自觉行动。"① 这是经过实践反复论证的真理,柴生芳担任党的干部期间,一直身体力行地践行着这句话。"中国的命运一经操在人民自己的手里,中国将如太阳升起在东方那样,

---

① 毛泽东思想和中国特色社会主义理论体系概论[M].北京:高等教育出版社,2018:12.

以自己的辉煌的光焰普照大地。"① 解决群众困难，重在让群众自己学会解决问题、自己具备解决问题的能力，柴生芳一直致力于引进资源、改善基础设施，就是在为群众自我发展打牢基础。

惦记整个县的教育发展，关心贫困群众和贫困地区，解决群众的"大事儿""小事儿"，真正做到把群众放在心里，认真坚持群众路线，也因此获得了百姓认可，走进了群众的心里。

视角二：心中有戒　清正廉洁

党的十八大以来，为营造良好政治生态，国家一直致力于"反腐倡廉"建设。柴生芳"开门办公、开门办事"的工作风格，就是干部廉洁自律的具体行动表现。工作中，严格要求自己不吃百姓一顿饭，不为亲朋好友利用职务之便谋一分私利。心中有信念，所以才有隐形的戒尺不断鞭策自己。为了更好地开展工作，他主动要求住在单位宿舍。自己时刻保持勤俭节约的优良传统，同事在其先进事迹汇报会上动容地说，他生前住的宿舍除了简单的衣物，没有任何的贵重物品。"走出去"学习的"博士县长"，深知回来工作、回定西工作的辛苦，但他坚定地做了这个选择。

视角三：信念坚定　忠诚于党

柴生芳同志政治立场坚定，矢志不渝地把党和人民的事业作为人生的最高追求。作为"留洋博士"，他积极响应西部大开发号召，怀着一颗热爱家乡、回报故土的赤子之心，义无反顾地来到定西工作，体现了一名共产党员不计个人得失、忠于党的事业的坚定信念和坚强党性。

在定西工作的八年时间，他始终讲政治、顾大局，无怨无悔地把毕生的精力献给了贫困地区的小康社会建设事业。

---

① 毛泽东选集（第4卷）[M]. 北京：人民出版社，1991：1467.

三、案例讨论

1. 是什么让他放弃了高薪，坚定地选择了西部？
2. 他的理想信念是什么？他为了理想信念是如何做的？
3. 你如何定义"焦裕禄式的好干部"？

四、案例点评

该案例主人公柴生芳，被称为"博士县长"，拥有高学历，择业之初也收到很多高薪聘请的"橄榄枝"，但他心无旁骛地选择了最苦、最累的基层人民公仆工作。工作过程中他恪尽职守、作风过硬，团结领导班子，一心办实事。在干部眼里，他务实亲民；在群众心中，他解民忧民困。他淡泊名利、甘于奉献，不图官职大小，只求真心为民办事；他热爱学习，深知只有不断提升自身能力，才能更好地服务群众。作为新时代新青年，只有树立起科学的理想信念，才能产生强大的精神动力，激励自己为实现祖国的富强和人民的幸福奉献自己的力量。

马克思主义指导思想是社会主义核心价值体系的灵魂，中国特色社会主义的共同理想是社会主义核心价值体系的主题。当代大学生要确立马克思主义信仰，树立中国特色社会主义的共同理想。教师在教学过程中，适时引入本案例，可丰富教学过程，增强教学效果。

五、教学建议

1. 本案例适用于高等教育出版社 2021 年版《马克思主义基本原理》第七章"共产主义崇高理想及其最终实现"的辅助教学；也可用于高等教育出版社 2021 年版《思想道德与法治》第二章"追求远大理想 坚定崇高信念"的辅助教学；还可用于 2018 年版《毛泽东思想和中国特色社

会主义理论体系》第一章"毛泽东思想及其历史地位",第十章"'五位一体'总体布局",第十一章"'四个全面'战略布局"的辅助教学。

2. 教师进一步收集视频和图片,把上述事件做成PPT,图文并茂,更具有感染力。视频网址:

①践行"三严三实"的好榜样——柴生芳

https：//v．qq．com/x/page/o0166l6xon6.html

②中山讲堂230讲　李战吉：博士县长柴生芳

https：//www.bilibili.com/video/av583110847

案例四　新时期沂蒙精神的践行者：王传喜

一、教学案例

"农业强不强、农村美不美、农民富不富,决定着全面小康社会的成色和社会主义现代化的质量。要深刻认识实施乡村振兴战略的重要性和必要性,扎扎实实把乡村振兴战略实施好。"习近平总书记在参加十三届全国人大一次会议山东代表团审议时发表重要讲话时说。王传喜是山东省临沂市代村党委书记、村主任,也是习近平总书记这一重要指示的践行者,他带领村民从脏乱差的村子走上了全国示范村,被农业部评为"中国最美休闲乡村"。说起这巨大的转变,村民都不由自主地向王传喜竖起了大拇指。

临危受命

1999年,在组织推荐和村民选举的基础上,王传喜当选村主任。刚上任的王传喜，还没有来得及构想自己的任职规划，一张法院的传票就送到了他手里。90年代正是个体经济迅猛发展时期，但较为落后的代村除了传统农业，并没有其他新兴产业。前任村委会班子留下了巨额债务，随着债务人的逐一起诉，作为村主任的他出庭一百多次。"我当时没想着这么难，没想着这么复杂。"但本着"既然当了这个官，就要对得起村民信任"的想法，立志要"带领村民们富起来"。

"通过借新账还老账，通过分期分批，通过协调，再就是我们盘活一些沉睡的集体资产。通过各种方式，在一年多的时间内，就把这些债务还清了"，王传喜接受采访时说。临危受命的村主任，一一解决历史遗留问题后，开始思考如何让村子美起来、如何让村民富起来。

革新代村管理模式

王传喜为更好地制订发展规划，他亲自带领工作人员挨家挨户走访村民，列出亟待解决的八十余项问题。面对村里普遍存在的"人地分布不均"的问题，他决定"重新分地"。对于拥有土地较多的村民来说，相当于在他们身上"割肉"，农村人对土地天然有感情，觉得土地就是他们的一切。于是，反对和不满的声音此起彼伏，更有甚者直接将恐吓信寄到他的家里，拒不配合他开展工作，一次次将划分好的界限拆毁。他就一家一家地做思想工作，为不耽误经济作物种植又要防止村民毁坏作物，他和部分工作人员吃住在田间，经过半年多的努力，最终得到了村民的理解和支持。回忆起这段往事，王传喜十分感慨：老百姓的工作好不好做，关键是看党员干部能不能做到"真"和"公"，只要我们没有任何私心，干的是一碗水端平的真事儿，一定能把事干成。

面对村子环境恶劣、偷盗事件频发、治安管理非常欠缺的困境，王传喜亲自带队，成立治安巡逻队，安排村民值班时，自己也是其中一员，每天两次巡逻全村，为村民安全和建设良好治安环境保驾护航。面对额外的工作任务，很多村民有抱怨，但看着村主任和大家一起，这种不和谐的声音也就逐渐消去。

转变产业模式以谋新发展

为了准确定位发展方向，探寻适合代村发展的新路子，他带领村干部多次走访全国先进村，寻找代村的发展方向。他在南街村考察时，在留言簿上写上"南街村的今天，就是代村的明天"的寄语。回到代村，王传喜开始着手带领代村由传统农业向现代农业转型，实行全村土地流转，村里土地集体管理，村民拿土地入股，建设科技含量高的花卉园、果园、蔬菜园、观光园等一体的综合产业链，改变了最开始时村民的"单打独斗"。年底村民参与村里的收入分红，每家每户都能分得不少的钱，实现了农业与旅游相结合、田园和公园融合发展理念。王传喜抓住政策机遇，带领代村积极申报"国家农业公园"，成功立项，并作为示范区，极大地促进了代村转型发展，目前的兰陵国家农业公园已成为国家AAAA级景区。"国家农业公园是乡村休闲和农业旅游的升级版，是农业与旅游融合发展的产物。"王传喜说，按照设计定位，它既涵盖园林化的乡村景观、生态化的郊野田园，还包含景观化的农耕技术、现代化的农业生产，是一个综合的现代农业田园景观。

现在的代村，每年产业收入、"国家农业公园"旅游收入已经极大改变了代村的经济收入结构，村民们都过上了小康生活。"让老百姓过上好日子是一切工作的出发点和落脚点"，这是王传喜的信念和目标，也是他对村民的承诺。

廉洁为公　勤政为民

"公生明，廉生威。"王传喜如此要求村干部，也如此要求自己。"实际上，老百姓盼的就是一个公道，做事情公平、公正、公开了，大家能够心服口服，心气才能顺。无论大事小情，得一把尺子量人，得公平"，王传喜说。这也是人民信服他、支持他搞改革建设的法宝。

以身作则拒绝外地想要土地建工厂的老板拿来的 200 万巨额贿赂，时常提醒村干部"手不长、嘴不馋、心不负"。正是严明的纪律要求，在他担任村干部 19 年里，村委会经手资金上亿元，没有干部因为经济问题下台，也没有干部因为经济问题落选。王传喜用实际行动践行着一名共产党员的社会责任和全心全意为人民服务的宗旨。

"村集体经济的增收，最终要体现在村庄发展和群众生活改善上，让群众有更多的获得感。"王传喜说。带领村民完成旧村改造后，村民们都住上了小洋房。同时，代村还出台了多项惠民政策：村民的社保等由村里统一缴纳，村民自己不出一分钱；村里 60 岁以上的老人，每月都可以领到村委会发的 500 元补贴；村里的学生上学，有助学金、奖学金；全村凡有劳动能力的村民都实现了就业，人人有工资性收入，家家有集体分红收入。"绿树掩映小洋楼，空气清新人长寿，使用沼气新能源，文明卫生又方便，条条大路通家园，乡村胜似城里面。"这是代村顺口溜，道出了代村幸福生活的美好景象。村民们也把带给他们美好生活的"引路人"牢记在心底："多亏了有传喜这个好班长！""俺们日子过得比很多城里人都滋润哩。"村民们幸福地说。

二、视角广场

视角一：真诚、公平的人民公仆，群众信任的党员干部

王传喜深知作为党员干部，要行得端、做得正，公事公办，不徇私枉法，不沾亲带故，"真诚"和"公平"是他化解群众质疑的不二法宝。乡村振兴，村干部是打通这条康庄大道的"最后一公里"，是实现全面建成小康社会的生力军。习近平总书记说：人民对美好生活的向往，就是

我们的奋斗目标。① 王传喜作为村带头人，始终把人民放在第一位，切实为人民谋幸福和谋发展，过硬的行事作风赢得了广大村民们的一致好评。新时期的人民干部，要担得起人民给予的信任和赋予的责任，王传喜给我们树立的榜样和标准，值得我们每一位中国人学习。广大青年更要胸怀理想、胸怀国家，把有限的生命奉献到无限的人民事业中去。

视角二：搭载改革春风，创新性开展乡村建设

创新性开展乡村"五园一带"建设，带领村民走上现代农业发展道路，彻底改变了代村最初贫困落后、负债累累的艰难局面。跳出舒适圈，聘请专家规划万亩农业示范园推动蔬菜产业转型升级；搭载省旅游部提出的"国家农业公园"快车，积极争取资源和机会，建成兰陵国家农业公园。"发展是解决我国急切问题的基础和关键。发展理念是发展行动的先导，是发展思路、发展方向、发展着力点的集中体现。发展理念是否对头，从根本上决定着发展成效乃至成败。"② 王传喜搭载改革春风，创新发展理念，创造性开展乡村建设，使代村村容村貌、经济发展、文化建设、乡村治理等各方面都有了翻天覆地的变化。

视角三：以人为本，探索社会主义发展规律

一应俱全的养老公寓、联排别墅、小康楼、小学、幼儿园、卫生院、老年活动中心、村民文化广场一个不落，以人为本，"打造共建共治共享的社会治理格局"，"社会治理的重心必须向基层下移，落实到城乡社区，

---

① 中共中央宣传部. 习近平新时代中国特色社会主义思想学习纲要 [M]. 北京：学习出版社、人民出版社，2019：40.
② 中共中央宣传部. 习近平新时代中国特色社会主义思想学习纲要 [M]. 北京：学习出版社、人民出版社，2019：109.

城乡社区处于党同群众连接的'最后一公里'"。① 王传喜就是中间那座坚实的桥梁，真正将政策悟透、用足。"绿树掩映小洋楼，空气清新人长寿，使用沼气新能源，文明卫生又方便，条条大路通家园，乡村胜似城里面。"这些对代村赞扬的顺口溜就是对王传喜身为带头人的村干部工作成绩最好的肯定。

三、案例讨论

1. 群众工作难做，你心中的村干部应该怎样开展工作？
2. 国家提出实现"治理体系和治理能力现代化"，我们应该如何做？
3. 社会主义的发展规律是什么，应该如何把握？

四、案例点评

"山东是革命老区，有着光荣传统，军民水乳交融、生死与共铸就的沂蒙精神，对我们今天抓党的建设仍然具有十分重要的启示作用。"② 王传喜是新时代乡村振兴"带头人"的先进典型，把群众放在心里，把群众的事记在心头，是人民的好公仆，是为民谋福利的好干部。在他的带领下，铸就了新时代"沂蒙精神"，干部与人民群众紧密联系在一起，群众拥护干部，干部一心为民。王传喜在平凡而基层的工作岗位上，他创造出了傲人的成绩。再次用行动，书写了共产党人的英雄本色，证明了共产党员的责任与担当，践行了党员的初心和使命。"是金子，在哪里都会发光！"青年大学生应该积极奉献青春力量，把有限的生命奉献给祖国最需要的地方，西部计划、三支一扶、大学生村官，就是大学生施展才

---

① 中共中央宣传部. 习近平新时代中国特色社会主义思想学习纲要 [M]. 北京：学习出版社、人民出版社，2019：1165.
② 刘家义. 弘扬沂蒙精神 传承红色基因 [N]. 学习时报，2019-10-30.

华的天地。授课教师将此案例结合人生理想、坚定理想信念等书本知识进行讲解，将具有很好的教育意义。从而引导高校学生学习王传喜的优秀精神品质，正确认识社会主义发展及其规律，树立正确的人生价值观和正确的就业观。

五、教学建议

1. 该案例可用于高等教育出版社 2021 年版《马克思主义基本原理》第六章"社会主义的发展及其规律"的辅助教学。适用于高等教育出版社 2021 年版《思想道德与法治》第二章"追求远大理想　坚定崇高信念"的辅助教学。还可用于高等教育出版社 2018 年版《毛泽东思想和中国特色社会主义思想体系》，第十章"五位一体"总体布局、第十一章"四个全面"战略布局的辅助教学。

2. 教师进一步收集视频和图片，把上述事件做成 PPT，图文并茂，更具有感染力。视频网址：

①视频 1：【王传喜：为父老乡亲服务二十年】

https：//v. youku. com/v_ show/id_ XNDMzNDM3NDMxNg＝＝. html

②视频 2：《中央宣传部授予王传喜"时代楷模"称号》

https：//v. qq. com/x/page/x0706j641jj. html

案例五　电力抢修"活地图"：张黎明

一、教学案例

"工匠精神""铁人精神"家喻户晓，在国家电网天津市电力公司有这样一位员工，他叫张黎明，几十年如一日地坚守在电力抢修第一线，也在志愿服务困难百姓的第一线，正如他所在党员服务队的口号"黎明出发，点亮万家"一样，用他每一次奋力的抢修，照亮千万百姓的家。

因为热爱而快乐

电力关乎百姓生计，随着社会经济的发展，电在人民心中是生活不可或缺的一部分，电在给我们带来光明、带来便捷的时候，我们是否思考过是谁在守护着电力的正常运转。人们只知道电力工人是高薪行业，电力行业的辛苦却鲜为人知。张黎明从一位电力巡线工人干起，到公司管理层，再到党员服务队队长。这一路变的是工作岗位、工作角色，不变的是对电力热爱的初心、为百姓解困的使命。

和他一起工作31年的同事说，张黎明刚开始分配到他们那里工作的时候，他认为张黎明是干不长的。因为他们这个工作"夏天最热的时候、冬天最冷的时候、雨下得最大的时候，就是我们工作最忙的时候，室外工作条件艰苦，可以说是风里来雨里去"。张黎明用实际行动证明了一个共产党员敢于吃苦的决心，不仅坚持下来了，还干出了成绩。

大雨滂沱的夜晚，奋战电力抢险是工作常态；日常每日查询线路，一走就是好十几千米……他的妻子泪水忍不住在眼眶打转，"他工作上多累，这么多年他从来没有说找个借口，要耍滑、偷偷懒，没有过。有时候他的体能透支到极限了，回到家里头，有一次他就晕倒了……"工作之初，张黎明每次电路巡线过程中，都认真记下沿途情况，将线路位置、周边情况详细记载，回到办公室后制成线路图。经过三十多年的沉淀，他巡查过无数遍线路，绘制了无数张线路图，整个地区的线网在他心里非常清楚。每当接到群众提供的险情线索，他能快而准确地找到事发地和事故发生的原因，所以他也就有了电力抢修"活地图"的外号。简单的事情重复做，重复的事情用心做。归根结底还是对岗位的热爱，深知电对于百姓的重要性，能够吃得了苦、耐得住寂寞，有"钉钉子"精神。

"工作是快乐的，创新让工作更快乐。"是张黎明创新工作室的口号，在日常繁忙的工作之余，他们结合工作中遇到的难点、痛点，不断进行创新。就居民交费后插卡供电，之前经常有居民将点卡掉入电表箱内，一次偶然张黎明了解了这个情况，随即对点卡进行改良，为集体节约了大量的人力和财力；他和同事们发明的"可摘取式低压刀闸"，将线路变压器发生保险片短路烧毁故障的抢修时间，从过去约45分钟一下子缩短至8分钟，小革新每年创造经济效益300多万元；他的创新工作室，创新成果还有很多很多。他的同事说，对张黎明他最深刻的印象是他每天都穿着工作服，在家也一样，当别人问及原因，张黎明说："我们这个工作说来就来了，如果去抢修之前还要换一下衣服，很耽误时间。"

居民所需无小事　党员带头做先锋

张黎明除了是抢修班班长外，他还是滨海黎明共产党员服务队队长，关于老百姓的事儿，他一一记在心里、落实在行动上。在电力抢修过程中，他发现老旧小区的楼道晚上没有灯，老人出行不便，他便找遍市场找到一款节能效果很好的灯泡，为这些老旧小区楼道送去光明；他在小区便民服务卡上印上了自己的电话，当居民有任何需求，一个电话他就会及时出现；一次停电事故，他接到居民电话说家里有靠呼吸机维持生命的病人，停电了就随时有生命危险，张黎明带领同事们组织特殊供电11小时……他用自己的奖金成立了"黎明·善小"微积金，切实为居民送去了光明和温暖。

他说："我是一名党员，我们服务队队员也都是党员。所以说我们每一个队员都把工作做好了，让老百姓相信我们，可以说这就是我们党员最大的讲政治。"党员带头，居民满意。在张黎明的服务队里，居民所需无小事，只有居民想不到的，没有他们做不到的，充分发挥了党员的先锋模范作用和基层党组织的战斗堡垒作用。

脚踏实地 尽职尽责

不会偷懒，一丝不苟的认真劲儿，在有的人眼里甚至认为是"傻"。一次因同事家里有事，张黎明帮同事代班巡查。冬天天气寒冷，在巡查的过程中，不慎掉入水渠中，他急忙脱下湿衣服、湿裤子，拧干后穿上，继续巡查。"要是不巡完，我就不放心。"这就是他为什么每次巡查都会从始至终，生怕漏掉任何一个细节。

2012年父亲病重，他白天高强度工作，晚上在医院陪护父亲。他说在陪护父亲期间，他父亲叮嘱他"作为一个工人，把活保质保量干好、干到位，这就是咱们工人的本分"。他一直将父亲的话记在心里，也用自己的行动一次次证明"工匠精神"的本质。他也一直记着师傅赠给他的四句话：只要肯钻研，就一定有收获；只要肯坚持，就一定有进步；只要不满足，就一定有创新；只要肯追求，就一定能卓越。

脚踏实地，尽职尽责，是张黎明最真的本色。连接千万家居民的千条线，便是他"工匠精神"最好的证明。他既照亮了百姓的家，又照亮了人们的心。

二、视角广场

视角一：践行新时代工人精神

张黎明在线路巡查时，每次都坚持走完每一个线路点；通过标记输电线路位置、周边环境等重要信息，绘制线路图，形成电路检修手册，把辖区的电网路径刻在自己心里，硬生生地让自己成为"电力抢修活地图"；执着于创新，创新灵感都来自工作中遇到的困难，每解决一个，就是一次创新……

王进喜用身体搅拌泥浆避免石油井喷的"铁人精神"影响着孔祥瑞，孔祥瑞在煤矿工作岗位践行的"劳模精神"又影响着张黎明，"咱们工人有力量"，工人精神代代传。于平凡之处见功力，立足一线，把平凡的事情做得不平凡，是"工匠精神"的践行者，也是新时代工人精神的典型代表，敬业、精益、专注、创新，是各行各业的工作者学习的榜样！

视角二：不忘初心使命 服务群众生活

停电是再平常不过的一件事情，但对于张黎明来说，是群众的一件大事！他临危受命，想到靠呼吸机维持生活的老人，可能因为断电而带来生命危险，张黎明带队做好特殊户的供电措施，保证了群众的生命安全。以此为契机，成立基金会，改造老旧楼道的供电设施。替同事巡查线路，不小心掉进冰水池的他，爬起来后，顶着风雪和寒冷硬是巡完余下的路途。他心中装的是黎民百姓，心头记得是党员的初心使命和本色担当。习近平总书记以普通党员身份参加所在党支部专题组织生活会时的即兴讲话中说道："希望大家相信群众、相信党、相信组织。大家投身到伟大事业中来，在新时代'两个一百年'中无私奉献，在各自的工作岗位上做出的贡献也一定不会比其他任何岗位上做出的贡献小，同样光荣、伟大。"张黎明就是这样一个立足岗位，做出大贡献的一线工人。爱国家，爱人民，不是空谈，是每一次的认真工作、每一天的认真生活、每一次用心服务群众的点点滴滴，脚踏实地，方能仰望星空。

三、案例讨论

1. 张黎明有哪些优良品质值得我们学习？
2. 你如何看待基层工作，未来愿意去基层工作吗？

四、案例点评

本案例主人公张黎明是"工匠精神"的典型代表,是新时代工人劳动者的优秀代表。立足岗位,踏实工作,尽职尽责;创新于工作,为公节约成本,小便利于百姓;始终牢记党员"初心使命",始终不忘党员使命。该案例具有重要的教育意义,是基层工人扎实工作,立足平凡创造成绩的先进典型。在授课时,可引导学生树立正确的世界观、人生观和价值观,在大学毕业面临人生重要选择时,我们要树立正确的择业观。不论身处何地,都要敢于创新,敢想敢干,不怕失败。最终才能取得成绩,真切为国家发展做出应有的贡献。

五、教学建议

1. 本案例适用于高等教育出版社 2021 年版《思想道德与法治》第一章"领悟人生真谛 把握人生方向"、第三章"继承优良传统 弘扬中国精神"、第五章"遵守道德规范 锤炼道德品格"的辅助教学。

2. 教师进一步收集视频和图片,把上述事件做成 PPT,图文并茂,更具有感染力。视频资源:

《时代楷模——张黎明:点亮新时代产业工人创新之路》

https://haokan.baidu.com/v?vid=18148434918401049427

第七章

热血军人本色

案例一 隐姓埋名的突击队员：张富清

一、教学案例

2018年12月，湖北省来凤县退役军人事务部一次常规的退役军人信息采集，收到张富清儿子张建全拿来的相关材料：一张报功书、一个报功证、三枚奖章。当工作人员看到其中一枚"人民功臣"的奖章时，当即被震惊了。工作人员根本没想到一次普通的信息采集，居然发现了这样一个大英雄，而他的家人也是在这时候才知道他是战功赫赫的战斗英雄。

打开记忆的匣子，张富清回忆了他九死一生的战斗经历。在部队，他一直争当突击队员，"突击队员就是冲在最前面的，在那个年代就是要牺牲的"，当人们问起他为什么要当突击队员时，他说自己是共产党员，就应该冲在最前面，如果死了，那是为了党和人民、为了国家的事业，死得其所。他参加的永丰战役，自己就是突击队的一员。张富清带领战友翻过城墙,与敌人殊死搏斗,敌人扫射的子弹将自己的头皮掀起来都顾不得疼痛,直冲敌人碉堡,成功炸毁敌人两座碉堡,为永丰战役的胜利奠定了非常关键的基础。根据团史记载,当时的战斗非常激烈,几个团相继更换营长和团长。报功书和奖章记录了张富清老人过往的军旅岁月,后从部队转业后,他便把这些代表他战功的奖章一一收起来压在箱底。

当有人问他为什么要这么做的时候,他说:"我这个自己保存,不愿意不想叫家里人知道,到处去讲去炫耀。我一想起和我并肩作战的战士……有几多……都不在了……我比起他们来,我有什么资格拿出这个立功证件去显摆自己。"他一边讲一边哭得像个孩子。部队转业时,他戴着勋章拍下的那张照片,是他与那段烽火岁月的一次告别,随后便用他的旧皮箱将这段峥嵘岁月封存。"真正的英雄、真正的功臣,是和我并肩作战的、为党和人民献出自己宝贵生命的烈士,给我的印象很深刻……这些年常常怀念他们!忘不了!"张富清说。

退伍转业,响应部队"支援地方经济建设"号召,张富清选择了湖北当时最为偏远的恩施来凤,他说任何人都想选择条件好点的地方工作,条件差的地方,他不去,谁去啊?党员,应该带头。"从来我都没有考虑到我个人怎么样,死我都不怕我还怕苦啊?"是誓言,也是行动命令。到来凤后,他主动拣最苦最累的活儿干,划分责任片区的时候他也是挑最偏远的高洞管理区,这里不通水、不通电、不通路。为了改变村民们贫困现状,他积极奔走、递申请、打报告,带着村民们一起修路。悬崖峭壁上要凿山修路,他总是不怕危险冲在最前面。为了不耽误修路进程,他晚上借宿在村民的柴房。村民说当时别人都说他傻,别人都不去做的事情他做。殊不知这是他留存在骨子里的军人精神,不怕吃苦、一心为民。现在才明白,当年碉堡都敢炸的张富清,他还怕什么呢?88岁的张富清再次展现他"突击队员"的英雄本色,因左腿感染,高位截肢。手术后的他自嘲道："战争年代腿都没掉，没想到和平时期掉了。"怕给子女添麻烦，他便忍着疼痛，术后一周就开始下床练习走路。无数次的尝试和坚持，就靠着"突击队员"坚毅的精神，张富清老人在不到一年的时间内重新站立起来。

张富清心系人民，严以律己。现在和老伴儿仍然居住在80年代单位分的老宿舍里，家里陈设简单，家具、墙壁都已经泛黄，留下了岁月的痕迹。张富清老人一直还留存着20世纪50年代全国人民慰问人民解放军时发的纪念水杯，杯子补了又补，依旧舍不得扔。他儿子说，老人的物件，只要认为还能用，他都会坚持用下去。"对于我个人来说，在生活上也好，衣食住行都很方便很好，我很满足我这个生活。"眼睛做手术时，手术费用可以报销，他原本可以用更好的晶体，为了节约，他坚持用最便宜的。

工作上，他"舍小家，为大家"。60年代，国家精简人员，作为三胡区副区长的张富清动员自己的妻子首先下岗，面对妻子的不理解，他说：这是国家政策，首先要从我自己开刀，你先下来，我才可以动员别人。他从小教育孩子们"不能给组织添麻烦"，鼓励孩子们靠自己的努力，不走关系。他的大儿子说：父亲有言在先，他只供我们读书，其他都只能靠自己的本事，他没有力量给我们找工作，更不会给我们想办法。现年95岁的他，依旧坚持看报，学习习近平总书记重要讲话，并做详细的读书笔记。他小小的身体里，蕴藏着大大的能量。他始终把"突击队员"的精神记在心里，用在行动上，守初心，担使命。

二、视角广场

视角一：深藏功名，淡泊名利

烽火岁月，张富清在战场上奋勇杀敌，无畏牺牲，甚至觉得为了党和人民牺牲了，也是死得其所。转业后深藏自己的功名，积极为老百姓谋福利，兢兢业业工作。生活上能省就省，能将就就将就，极为艰苦朴素。每每问他有什么困难和需求，他总是说自己过得很好很知足。身披戎装，保家卫国；告别军旅，本色不改。张富清转业后居功不自傲，对自己的功绩和获得的荣誉隐瞒不宣，而是主动要求到偏远贫困地区工作，在平凡的岗位上做出了不平凡的成绩。

视角二：守军人底色担党员使命

张富清不怕苦，可他受不得老百姓吃苦。来凤的很多干部都回忆说，无论在什么岗位，他总是往最贫困的地方跑得最多，为困难群众想得最多。三胡区的粮食生产严重短缺。张富清到了三胡，每个月都在社员家蹲个20来天，干部与群众同吃同住同劳动，士气很快上去了，三胡区当年就转亏为盈，顺利完成了为国家供粮、为百姓存粮的任务。到卯洞公社任职，张富清又一头扎进不通电不通水不通路的高洞。为了修进入高洞的路，张富清四处奔走、申请报批、借钱筹款、规划勘测。工作上离休了的张富清，在思想政治上没有离休。他时刻铭记着自己老党员的身份，当他认为自己不能再为国家贡献时，他首先想到的是少索取。88岁截肢的他，拒绝在轮椅上被照料，靠着一条腿和假肢、支架重新站了起来；白内障手术期间，医生想到能全额报销，就劝他用一个7000元的晶体，他却坚持换成和同病房群众一样的晶体，只要3000元；明明没人会动他的降压药，但他每次都将药瓶锁上，生怕别人挪用他全额报销的一粒药。

新中国走过70年风风雨雨，张富清的岗位、身份一再改变，始终不变的，是他对党和国家的无限忠诚，对人民群众的赤子之心。

三、案例讨论

1. 张富清老人的事迹为何能感动中国？
2. 结合案例谈一谈理想信念对于大学生成长成才的重要意义。
3. 当代大学生应该如何确立和追求自己的人生理想？

四、案例点评

信念之光不灭，信仰之树常青。"在几十年的岁月里，张富清老人初心不变、本色不改。对这位党龄 71 年的老战士、老党员来说，理想信念是精神上的'钙'，是燃烧了一辈子的火炬。"崇高的理想信念，始终是共产党人保持先进性的精神动力。

对于大学生而言，自觉地把马克思主义作为自己行动的指南，就是要做到：在思想上自觉地坚持以马克思主义为指导，确立马克思主义的坚定信念，树立和坚定共产主义的远大理想。理想是人生不断进取的精神支柱和动力。历史上的胜利与成功，永远属于具有崇高理想、坚定信念的人们。中国青年运动多年的生动实践告诉我们，一切有理想有抱负的中国青年，只有在中国共产党的领导下，同人民紧密结合，为祖国奉献青春，才能大有作为。现在是青年人的时代，是大有作为的时代，是英雄辈出的时代，授课教师可引导青年学生树立坚定理想信念，将个人发展与国家发展紧密结合，立足脚下，踏实干事创业，为祖国发展添砖加瓦。

五、教学建议

1. 本案例适用于高等教育出版社 2021 年版《马克思主义基本原理概论》第七章"共产主义崇高理想及其实现"的辅助教学；也可用于高等

教育出版社2021年版《思想道德与法治》第二章"追求远大理想　坚定崇高信念"、第三章"继承优良传统　弘扬中国精神"、第五章"遵守道德规范　锤炼道德品格"的辅助教学。

2. 教师进一步收集视频和图片，把上述事件做成PPT，图文并茂，更具有感染力。视频网址：

①新闻直播间2019共和国勋章获得者：

https：//v.youku.com/v_show/id_XNDM3MTM2NjIxNg==.html.

②央视新闻联播报道张富清老人先进事迹_腾讯视频

https：//v.qq.com/x/page/c0875fo4f44.html

③时代楷模张富清

https：//v.qq.com/x/page/d0886usq8dx.html

3. 建议学生进一步阅读书籍《深藏功名　坚守初心》《初心　向共产党员张富清学习》《坚守初心好榜样：张富清》。

案例二　中国"保尔·柯察金"：朱彦夫

一、教学案例

朱彦夫出生在山东省淄博市沂源县张家泉村，他14岁的时候，怀揣着家仇国恨，立志要为被日本侵略者拉去当苦力并被暴打致死的父亲报仇，另外国家不太平、人民生活动荡不安，年幼的他报名参加解放军，想要赶走侵略者。朱彦夫在参加抗美援朝战争中，所在的部队受到重创，受伤后倒在冰雪中，等救援部队到达时，朱彦夫在受战伤的基础上又遭受了冻伤，昏迷93天，经历几十次大小手术，最后被迫截去了双手和双腿。他的左眼在战斗中被炸伤，迷迷糊糊中他把自己的眼球吞进了肚子里面，还面临着一只眼睛失明的事实。铁血军人，在医院醒来面对失去生活能力的自己，他几度想要跳楼结束自己的生命，却发现自己连死都死不了。他找不到生活的希望，部队的马政委对他说："在国家不需要，在事业不需要的时候，做那种无谓的牺牲，自杀就是背叛党、背叛祖国、背叛人民。"听完他又重新燃起了活着的希望，身残志坚，"用自己的残躯为祖国和人民做点什么"是他常挂在嘴边的话，也是他一直在实践和探索的。

  康复后，他被安排到疗养院，天性爱挑战极限的他待不住，自己申请要回老家，他觉得自己"无手无脚仍是军人""要做一些更有意义的事情"。练习爬行、跪着行走和戴假肢走，尝试用两只断臂夹着笔写字、用嘴巴叼着笔写字，一切就像牙牙学语的小朋友一样，都必须从头再来。1957年担任村支书的朱彦夫，挂着拐杖、戴着繁重的假肢，穿行在田间地头了解村民情况。硬是带着村民把穷山沟沟变成了"脱贫村""致富村"。他说，能不能用自己微弱的光温，把这片土地搞得好一些，让广大群众能吃得上、穿得上，能过上温饱的生活，这也是他对广大群众的一种报答。

  为改变村里贫穷落后的现状，他决定从改变村民的思想开始，在村里办起了夜校。村民说："没有课本，他就把自己的抚恤金拿来买课本、买学习用具、买煤油灯等屋里的一些学习用具……"在朱彦夫的坚持下，村里有百多人参加学习，从不识字的"文盲"成为会写信、会算账的"读书人"，也为张家泉村的发展奠定了良好的人才基础。

  在《朱彦夫日记》中，他写道："残疾能够束缚人的肉体，不能束缚人的思想。我决心以一个健康人的标准要求自己，做好一个人的工作量。"

  朱彦夫把当地的"牛头沟"进行改造，在原来的沟上架起拱形桥，拱形桥上面培土改造成田，桥与桥之间间隔空间，便于清理淤堵等，这样大大增加了良田面积，也把之前被沟壑分割的田地连成了片。为解决村里用电问题，朱彦夫拖着十几斤的假肢四处寻找价格便宜、质量好的材料。他为了节省开支，天黑了就地休息，用假肢当枕头，路过的、不知情的人投来了怜悯的眼光。"有一天，他实在太累了，摔倒在地，假肢连接处血肉模糊。我赶紧把他背起来，想送他回家。他在我背上大吼'大家都在干，我能回去吗？'"和朱彦夫搭档24年的副大队长张茂兴说。村里没有水，吃水要到邻村挑，朱彦夫决定带领村民们挖井。找到水源后，带领村民苦干半年，建成了大型蓄水池，彻底解决了村民生活用水和农作物灌溉。朱彦夫还成立村林业队，建起40亩苹果园、10万株的花椒园、两万株的桑树园。朱彦夫用自己的毅力和精神感动着村民，也激励着村民不安于现状，勤劳致富。最终他带领村民们走上了致富路，成为当地"山上松树戴帽、山下林果缠腰"的小康村。后来，朱彦夫辞去村支书时，全村人民都自发地前来送别。

退休后的他，决定写下自己的人生经历。他用两只断臂和只有0.3的视力，写下了自己的传奇故事《极限人生》。他说写这本书基于三个目的：一是受革命烈士的委托和期望；二是我们那代人为之流血牺牲的目的，就是为了把革命精神一代代接下去；第三个也是为了我自身，不再需要国家支援。对于常人来说，这是一件并不容易完成的事情，更何况朱彦夫无法正常写字。七年的时间，反复修改，斟字酌句，一样延续着他军人的执着和不服输的本色。

他一生中的每一次行动，都会伴随着身体的疼痛反应。他说："疼得很，我才知道自己活着，我只要活着就好办，只要活着、有生命我就能干。"就是这种"死而后已"和一心为民的精神，让他不断超越自己，不断征服命运。

二、视角广场

视角一：坚定理想信念　一心服务人民

朱彦夫在国家需要时，挺身而出，为国家和人民奉献自己的青春和热血，义无反顾；身受重伤，靠顽强意志重获新生，他却不愿躺在功劳簿上，申请回家乡做点什么；失去双手双脚的他，一切从零开始，重新学习如何生活。只要还有一口气，都要把它凝结成生命的光和热。朱彦夫回到家乡，被推选为村支书，他担起了这份并不轻的重担。始终牢记自己的共产党员身份，时刻心系人民群众。改造"牛头沟"，为群众解地少之困；拖着30多斤的假肢"南下北上"，只为解决村里供电问题，节省成本，寻找性价比高的材料；在他的带领下，把原本贫瘠的小山沟变成了果园和林地……"功崇唯志，业广唯勤。"朱彦夫凭借坚定的理想信念和"为人民做点事"的执着追求，身残志坚，带领人民科学改造天地，合理规划产业发展，助推产业发展，彻底改变了落后旧貌，走在乡村振兴的前列。

视角二：守党员初心　抒写极限人生

"历尽天华成此景，人间万事出艰辛。"面对本就坎坷的人生，朱彦夫坚守党员初心，战争年代在战场奋勇杀敌，伤势恢复后又回家乡带领村民脱贫致富，退休后仍然发挥余热，历经7年，用断臂书写了33万字的《极限人生》。"志之所趋，无远弗届，穷山距海，不能限也。志之所向，无坚不入，锐兵精甲，不能御也。"志存高远的人，必能"逢山开路，遇水架桥"，最终取得胜利。朱彦夫的一生就是一本党员理想信念教育活的教科书，虽然身体残疾，但他的内心无比丰富，身影无比高大伟岸。

新时代，新青年，我们应自觉学习艰苦奋斗、吃苦耐劳、甘于奉献、不怕牺牲的革命精神，锻造历练，提升自身本领，为祖国发展和人民幸福做出应有贡献。

三、案例讨论

1. 朱彦夫的哪种精神品质最让你感动？
2. 结合案例讨论当代大学生如何树立正确的人生观？

四、案例点评

时代楷模，标识了一个时代的精神高度。朱彦夫身上所展示出来的精神品质，具有鲜明的时代性、典型性和代表性。在长达几十年的奋斗历程中，朱彦夫的人生角色不同，先进事迹不同，但贯彻始终的，是一名共产党员的坚定信念和崇高追求，是身残志坚无私奉献的高尚品格，是生命不息战斗不止的奋斗精神。学习朱彦夫，就要像他那样坚定理想信念，不断强化精神之"钙"，为党和人民的事业不断去拼搏、去奋斗、去奉献；就要像他那样一心为民，时刻把群众的冷暖放在心上，想群众之所想，急群众之所急；就要像他那样自强不息，勇于拼搏，不断书写精彩人生。

美好的人生目标要靠社会实践才能转化为现实。大学生要在科学高尚的人生观指引下，正确对待人生矛盾，自觉抵制错误观念，努力提升人生境界，成就出彩人生，大学生应树立正确的顺逆观，在顺境中不自满自足，意志衰退，在逆境中奋斗，磨炼意志、陶冶品格、积累战胜困难的经验、丰富人生阅历。

五、教学建议

1. 本案例适用于高等教育出版社 2021 年版《毛泽东思想和中国特色社会主义理论体系概论》第十章"'五位一体'总体布局";也可用于高等教育出版社 2021 年版《思想道德与法治》绪论"担当复兴大任 成就时代新人"、第一章"领悟人生真谛 把握人生方向"、第二章"追求远大理想 坚定崇高信念"、第三章"继承优良传统 弘扬中国精神"的辅助教学。

2. 教师进一步收集视频和图片,把上述事件做成 PPT,图文并茂,更具有感染力。视频网址:

①视频 1:《焦点访谈》20140331 朱彦夫的"极限人生"

http://www.wenming.cn/syjj/sp_syjj/201404/t20140401_1838836.shtml。

②视频 2:[时代楷模发布厅]"中国保尔·柯察金"朱彦夫

http://www.wenming.cn/ddmf_296/zhuyanfu/spbd/201403/t20140331_1837709.shtml。

③时代楷模朱彦夫

https://v.youku.com/v_show/id_XMzc4OTc0ODc4MA%3D%3D.html。

3. 建议学生进一步阅读书籍《极限人生》和《男儿无悔》。

案例三　空中英雄：郝井文

一、教学案例

"兵者，国之大事也。死生之地，存亡之道，不可不察也。"空军航空兵某旅旅长郝井文"永远虚心若愚，永远甲不离身"，始终保持"咬定青山不放松"的坚毅，牢记军人初心使命，在业务能力上追求卓越，在部队空军人才培养上精益求精，为中国空军发展和人才培养做出了重要贡献。

争优创先　目标明确

"航空飞镖"是一项国际赛事，是飞行员驾机攻击地面目标的一种比赛，保持飞机的高速运行想要击中地面目标，难度可想而知。当时的中国装备落后，参赛条件并不是十分成熟。郝井文向领导力争参赛机会，并坚信"落后机型也能打出好成绩""能为人所不能"。深知自身设备不如其他参赛队伍的他，刻苦训练参赛战友的身体体能；亲眼看到国外士兵因有叙利亚实战作战经历而练就的高超技能，他便燃起熊熊斗志，认真研究作战方案……

2017 年，中国出动多型多驾战机飞跃对马海峡，赴日本海国际空域训练，在空军训练册里，对马海峡训练任务是大国空军能力的检验和成长过程。训练过程中敌机紧追不舍，郝井文掩护轰炸机的决心和灵活有效的作战，让敌军战机主动撤退，英勇果敢的他带着战友们顺利地完成此次掩护任务。他说，决不允许有任何外机干扰轰炸机。空军队伍的支撑,就是国家利益延伸到哪里或拓展到哪里,我们国家的安全需要我们到哪里,我们就应该到哪里。

郝井文始终发扬"见红旗就扛,见第一就争"的先进精神,在采访中他说:"一个成熟的团队,在胜利面前,只能高兴一秒。你下一秒要想到怎么样……我们在这次比武也好,在这次竞赛也好,我们还有哪些不足的地方,要尽快弥补你的不足,要尽快转移到下一场战役。"他以争先创优促进队伍提升实战能力,促进队员改进战略战术,提升空军整体作战能力。

严格要求　以实战为准则

郝井文时刻保持"归零"心态,在他们部队永远没有庆功宴,即便是取得了比赛胜利,回到部队的第一件事永远是反思和总结。"强者都是含着眼泪在奔跑",战友在讲述郝井文时,最深的印象就是严格。在一次参加"金飞镖"竞赛任务中,飞行员打击两个目标之间有一个时间差,计划是在设定时间内完成即算符合要求,但是郝井文没有同意。他说,如果这个时间你们花得越多,那么留给敌人攻击我们的时间也就越多,这个时间必须要压缩。随后在他的带领下,整个部队在各项目训练上精准施策,优化方法,大大减少了攻击各项目标所需要的时间。正如这位战友所说,"空战的过程就是秒杀的过程,每一秒的进步都来之不易"。面对取得巨大进步的成绩,问郝井文这个成绩是否可以给满分,郝井文摇摇头说:"我还不能给你满分,因为我们每一次的训练,都是为了向实战靠拢。只有未来在战场上你打赢了,我才能给你满分。"

严格要求,始终在备战、竞赛中精益求精,只为做好万全准备,确保实战过程中能战、能胜。

直面困难　精益求精

导弹是战斗机的必备伴侣,也是制胜敌人的利器。然而,在训练过程中,郝井文发现一种现象,同样机型、同样的驾驶员、同样的攻击环境,最后取得的效果不一样。有时候误差小,有时候误差大,队员们查阅了很多资料,也做了深入研究,仍然没有找到答案。郝井文说当时境况下感觉是无解,但抱着"即便是无解,我们也要尝试去解决它的"决心,常把实战放在重要位置的郝井文,立志要解决这个难题,不能让战士们在实战中遇到同样问题时只能听天由命。为解决问题,他把导弹研究了个遍,最后发现是导弹重量原因。原本从未从这方面思考,从军工厂统一模式制造出的导弹怎么会不一样?通过实践研究,导弹打击精准度逐渐提高。于细微之处见真知,不放过每一个细节,最后使得战机搭载的导弹能从不足半米的坦克舱盖穿舱而入,大大提高了瞄准准确度。

一年新年后的首次开飞,在工作人员做了细致检测,确认战机没有故障,准备起飞后,刚滑出不远就出现漏油情况。故障的产生在飞机滑行后,才能发现。郝井文得知消息第一时间赶到现场,严厉地说:这就是你们的工作要求?这就是你们的工作标准?打仗的时候飞机起不来,让飞行员拿什么去跟敌人拼命?郝井文侠骨柔情、严厉要求的同时,却又有对战友们努力的肯定。一次执行任务,前半段任务完成得非常完美,最后一枚导弹没有击中目标,当所有人都无比自责地低着头时,他却打趣地说:"把头都抬起来,不就是一枚弹没有打中吗?这枚弹算团长我的。"

郝井文不畏强敌,工作中精益求精,不放过任何一个细节,对战友技术训练和作战进度要求严厉至苛刻。但他始终秉持为祖国培养军队强兵,把强国梦、强军梦牢记心头,落实在行动。

二、视角广场

视角一：把责任扛在肩上　带出过硬团队

"自己强不算强，大家强才是真的强"，郝井文要求团队每一位飞行员人人强、个个硬。事实上，他自己在苦练飞行技术的同时，带领出了一支具有高作战能力、人人有专攻特长的精英部队。紧急任务面前，他总是第一个上，冲锋在危险和战斗的最前沿，是空军队伍里的排头兵。巡东海面临突发情况，责任和使命在前，不顾个人安危，妥善返航处理。作为歼击机编队长机，面对敌人果断出击。

"作为英雄团队传人，如何不忘初心、为党奋飞，打造新时代'空中王牌'？"

正是有这样的信念，时刻把国家安危记在心中，才会有这样的英雄之问。始终把保卫祖国和人民的责任扛在肩上，使得郝井文不断砥砺奋进，取得一个又一个傲人的成绩。人们常说，人要有敬畏之心，敬畏职业、敬畏规则，郝井文履职尽责、敢于担当，是真正的人民英雄和飞天雄鹰。

视角二：坚定理想信念　坚守初心使命

"理想信念是共产党人的精神支柱和政治灵魂。"习近平总书记指出，"坚定理想信念，坚守共产党人精神追求，始终是共产党人安身立命的根本。"革命战争年代，无数先辈抛头颅洒热血，才换来今天的幸福生活，处于新时代的我们，更应该牢记历史、饮水思源。

"大鹏一日同风起，扶摇直上九万里。"在人民空军加速战略转型的快车道上，对于统帅的"胜战之问"，郝井文和他的团队正在用新时代的新航迹做出回答——"敢打必胜，有我无敌！"

郝井文用行动和汗水，用努力和成绩，践行理想信念，践行共产党人的初心使命，显现党员本色。

三、案例讨论

1. 你的理想职业是什么？
2. 实现职业理想，你应该做哪些准备？

四、案例点评

"没有所谓的岁月静好，只是有人在为你负重前行。"郝井文和他的同事，还有千千万万的人民子弟兵，都在为国家的发展、人民的幸福耕耘奉献。"在加快建设强大人民空军的新征程上，郝井文奋力投身到强军的事业当中，不仅展现出了攻坚克难、敢于超越的精神追求，还诠释了新时代军人的责任担当，更彰显出忠诚坚定的信仰信念。这正是新时代军人的风采，也正是我们实现中国梦、强军梦的底气。"军人是最可爱的人，在学生心中具有较高的人气，是大学生向往和崇拜的对象。任课教师运用此案例，可充实课堂内容，达到较好的育人效果。

五、教学建议

1. 该案例可用于高等教育出版社 2021 年版《思想道德与法治》第二章"追求远大理想　坚定崇高信念"的辅助教学，还可用于《毛泽东思想和中国特色社会主义思想体系》第十二章"全面推进国防和军队现代化"，也可用于《军事理论教程》第三章"国家安全"和第五章"信息化装备"的辅助教学。

2. 任课教师可进一步搜索郝井文事迹视频，丰富授课内容：

①视频1：【央视】为祖国奋飞　为新时代护航

http：//www.wenming.cn/sdkm/hjw/pldz/201901/t20190104_4961198.shtml.

②视频2：旅长郝井文：把责任扛在肩上　带出过硬团队

http：//www.wenming.cn/sdkm/hjw/yxjl/201901/t20190110_4967753.shtml.

③视频3：时代楷模发布厅：郝井文

http：//www.wenming.cn/sdkm/hjw/yxjl/201901/t20190108_4965691.shtml

案例四　用生命排雷的人民战士：杜富国

一、教学案例

雷患是20世纪战争遗留下的历史问题，对普通百姓的生活和生命安全带来了极大的威胁。据资料显示，由于战争、冲突、恐怖等原因，目前世界上有数十个国家、地区，仍存在着上亿颗地雷隐患。每年，全球有数千名平民、孩童因雷患炸死炸伤。

危险作业始终冲在前

杜富国说："当我了解到生活在雷区的村民十年间被炸三次的惨痛事件时，我的心难以平静。我感到冥冥中这就是我的使命，一个声音告诉我：我要去扫雷！"生命担当使命，雷场就是战场。杜富国作为我国排雷士兵突击组成员，多次参加扫雷行动。有人说，扫雷部队用的是"绣花针"，走的是"阴阳道"，跳的是"刀尖舞"，拔的是"虎口牙"。面对随时有生命危险的排雷任务，杜富国还是义无反顾地选择了"应战"。

高科技的扫雷机器人、综合扫雷车、雷场清障车大大提升了扫雷准确度，但国际上公认的最佳扫雷方式还是人工手动扫雷。云南边境灌木丛生，地形条件复杂，气候多变，加上雷患情况严峻，极大地增加了排雷难度。当杜富国所在的部队挺进雷患最为严重的麻栗坡边境雷场时，当地人民夹道欢迎。当地地雷数量多、相对集中，有的地雷连着地雷，手榴弹连着手榴弹，有的树根、草根连着地雷或者手榴弹，"牵一发而动全身"。村民们讲述，当地每家每户都有人因为被炸伤而截肢的，在猛硐瑶族乡雷场更是有上百人因此失去生命。当地村民有地不敢种，有茶不敢采，雷患成为当地人民的噩梦。由于地处密集集镇的上方位置，坡陡且复杂，不便采取惯用的用火烧或者其他高科技方式排雷，一旦引爆会导致滑坡，给当地群众生活带来不便。

"你退后，让我来！"伴随着杜富国说出的这句话，战友向后还不到2米的距离，一声巨响之间，杜富国扑向战友方向将战友护住，自己却被地雷炸得血肉模糊，失去了双眼和双腿。即便如此，负伤后在医院醒来最关心的还是战友的情况，得知战友没事，又嘱托大家一定要继续做好扫雷工作。

舍己救人，心系人民，杜富国用生命诠释一位军人的赤胆和忠诚。

心系人民安危

"为人民扫雷不辱使命，为边疆建设再立新功。"杜富国19岁入伍，常听老兵们讲这里的村民有的生活在雷区，常年被雷患折磨，很多人失去双腿甚至是生命。当收到组建排雷突击队的时候，杜富国便第一个递交了申请书，在刻苦训练下，顺利通过考核成为排雷队的一员。初到雷区开展排雷工作的杜富国注意到路边的盘金良，部队每次进出雷区时都可以看到他的身影，他似乎在期待和渴望着什么。这引起了他的注意，后来才知道原来他是雷患的受害者，先后两次被地雷炸伤，失去双腿。他说，有时候为了生计，没有办法，只能冒险行动。扫雷部队入驻时当地居民热情地争当向导，帮忙抬物资……这些让人心疼又感人的画面，深深地触动着杜富国的心弦。

他说："我只有把这片雷区排除掉了，边境线上的百姓才能过上幸福安稳的生活。百姓在雷区里面种上了庄稼，有了好的收成，我们每一名扫雷兵，心里都是一种美丽的风景。"

为此，他不断探索排雷方式方法，创造性地提出"多人多块同步作业法"大大提升了排雷效率。心系人民安危，践行军人使命。"无论是在连队，还是在别处，都是在为国家、为百姓奉献，我渴望着更多的牺牲奉献。"这是军人对祖国和人民的庄严承诺，也是军人对人民的赤诚之心。

书写有意义的人生

"来到解放军这个光荣集体，我思索着怎样的人生才真正有意义，有价值。我感到，衡量的唯一标准，是真正为国家做了些什么，为百姓做了些什么。"这是杜富国对人生的思考，也是他工作、生活的航向标。面对人生重大选择，他始终坚持国家利益、集体利益优先，一个人梦想助力国家梦。参军来到美丽的西双版纳某边防团，他原本可以成为一名优秀的边防战士，却主动选择了参加扫雷；来到扫雷部队后，领导发现他会做一手好菜，烹饪技术不错，决定安排他当炊事员，而他又选择了扫雷；在扫雷行动中，"你退后，让我来"，他在爆炸中用身体掩护了战友。每次选择都从理所应当到顺其自然，却也真实地见证了他把国家和人民需要刻在了心里。

刚到扫雷部队，由于只有初中文化，学习专业技术比较吃力，自己便暗自下功夫，别人都休息了他还在加班加点学习，书本上被他圈圈点点的笔记密密麻麻。到了退伍阶段，杜富国坚定地表示："活儿还没干完就退伍，谁来扫雷？"扫雷兵每一步都踏在鬼门关，但执着的信念，对党和人民的忠诚，他们不曾有过半点退缩的念头，用生命镌刻青春无悔的誓言。

二、视角广场

视角一：排的是雷　创造的是人民的幸福天地

20世纪80年代唱响中华大地的《我爱老山兰》中唱道："顽强的生命备受了摧残，墨绿的叶片熏满了硝烟，芬芳的花朵开得更鲜艳……无私无畏装点边关。"这是"牺牲我一个，幸福十亿人"的老山精神的真实歌唱，这里的战士们将"老山精神"融入血液，融到每一次行动的无惧无畏中。杜富国想的是如何让人生发挥价值，如何为国家和老百姓多做点事，人生三次看似平常却不平凡的选择，开启了他的非凡人生。冒着生命危险去排雷，想的是抚平历史的创伤，换这里的百姓一片宁静、安全的生活家园。"苟利国家生死以，岂因祸福避趋之"，杜富国用"让我来"的声音和一次又一次的选择践行了对祖国和人民的誓言。

视角二：面对挫折和低谷昂斗志　笑看人生

排雷被炸伤后，躺在床上的他不知道自己伤势严重。

他对陪护的战友说："我想多吃点肉、多喝点牛奶，这样手上多长点肉，就能早日回部队，又可以一起扫雷了！"

大家都不知该如何开口告诉他伤情，得知伤情的他稍做沉默，便开始安慰身边的人，说虽然他以后排不了雷，但是可以给人们讲排雷的故事。一等功授予仪式上，他坚毅地抬起残臂庄严敬礼的一幕被称为"最美军礼"，无数人潸然泪下，是对这名人民解放军的英雄故事和坚强意志的无言敬佩。排雷战场上，不畏牺牲，冲锋在前；面对受伤致残的重要人生打击，勇于直面，决心"一往无前""永不掉队"，这是钢铁男儿、中国军人的人生答卷。

三、案例讨论

1. 如何看待杜富国三次人生选择？
2. 什么是个人价值？
3. 你对军人的认识是什么？

四、案例点评

"用生命担当使命的新时代英雄战士"，既是杜富国的人生价值追求，也是他人生经历的真实写照，一个渴望为祖国和人名牺牲奉献的战士，最终在排雷战场用行动践行了他的誓言。"当我了解到生活在雷区的村民十年间被炸三次的惨痛事件时，我的心难以平静。我感到冥冥中这就是我的使命，一个声音告诉我：我要去扫雷！"在扫雷申请书中，他如是写道。这是为了保障群众安全，为群众创造宜居环境，置自己生命于度外的英雄气概。大学生要学习杜富国恪尽职守、忠于党和人民、不畏牺牲的精神品质，在扎实理论学习的基础上，树立正确的人生观、价值观，以榜样为力量，保持积极进取的人生态度，在砥砺青春梦想和实现祖国繁荣富强之间寻找到连接点，创造有意义的人生！

五、教学建议

1. 本案例适用于高等教育出版社 2021 年版《思想道德与法治》第

一章"领悟人生真谛　把握人生方向"、第二章"追求远大理想　坚定崇高信念"、第四章"明确价值要求　践行价值准则"的辅助教学。

2. 教师进一步收集视频和图片，把上述事件做成 PPT，图文并茂，更具有感染力。视频及网址：

《时代楷模发布厅》：排雷英雄杜富国

http：//www.wenming.cn/sdkm/dfg/yxjl/201905/t20190524_ 5127567. shtml

第八章

祖国和人民需要就是人生前进的方向

案例一 80后大学生驻村书记：黄文秀

一、教学案例

2008年，黄文秀考入山西省长治学院思想政治教育专业，后考上北京师范大学研究生继续学习。2016年硕士毕业后，她毅然回到家乡，奋斗在脱贫攻坚一线。2019年6月黄文秀在山洪暴发中不幸遇难，她的生命也永远定格在了30岁。习近平总书记还谈道：黄文秀用美好青春诠释了共产党人的初心使命，谱写了新时代的青春之歌。也告诫我们广大党员干部和青年同志要以黄文秀同志为榜样，不忘初心、牢记使命，勇于担当、甘于奉献，在新时代的长征路上做出新的更大贡献。

梦开始的地方

来自山区的黄文秀并不像传统印象中山里孩子那样拘束、胆怯、自卑，反而在她身上表现出来的是大方、开朗、自信。学院学校组织的活动,她总是第一个积极报名参加;迎面走来的老师同学,她总是第一个冲上去打招呼。由于地区差异,教育条件也有限,起初黄文秀的成绩并不理想,但是黄文秀始终相信笨鸟先飞。她主动与老师交流学习上的"病情",分析"病因",最终"对症下药",经过一番不懈的努力,黄文秀从最初在班级"排不上名号"到后来的班级前十,再到后面考上北京师范大学研究生。这中间付出过的努力与艰辛只有她自己知道。她不是最优秀的,但却是最值得学习的。

黄文秀在生活中也很节俭。从大一开始,她就和几个跟她情况一样的同学做兼职,发过传单补过课,一切能被她逮着的机会她都不放过。所以每年别的同学都高高兴兴回家过寒暑假,窝在沙发追剧享受愉快假期时,她却为了节省路费,留在了学校……她不会为助学金与同学争红了眼,也不会把自己的困难时刻挂在嘴边,而是在评选中把名额让给同学,在公益活动中全身心投入,尽所能地贡献自己的一份爱心。她不是最富有的,但却是精神最丰富的。

2011年6月,黄文秀在长治这个红色城市、革命老区的土地上,在鲜艳的党旗下,黄文秀庄严地宣誓加入了中国共产党。从此,黄文秀都在用自身的行动践行对党和人民的初心、誓言。

群众有困难的地方　就是她前进的方向

黄文秀在入党申请书中写道:"只有把个人的追求融入党的理想之中,理想才会更远大。一个人要活得有意义,生存得有价值,就不能光为自己而活,要用自己的力量为国家、为民族、为社会做出贡献。"她用自己的事迹行动践行了对党的铮铮誓言,以梦为马,不负韶华,在奔赴群众的路上不幸遇难。

雨季的广西百色石山区,也就是黄文秀工作的地方,时常遭受洪涝、塌方、山体滑坡等自然灾害侵袭。她利用少有的休息时间,回家看望了刚做完手术的父亲，天气预报播报有大暴雨，父亲劝说女儿留下，黄文秀却说正是因为要下暴雨了，自己必须得马上赶回去。不曾想，这竟是永别。在黄文秀返回途中，同事、朋友都曾劝说她赶紧掉头，暴雨太大、太危险了。但都没有阻挡黄文秀奔赴工作岗位的决心和毅力。

黄文秀突然不在群里回复消息了，同事们都很担心她的情况，大家的心都紧紧地揪着。同事成明说，17日一早得知凌云县路段发生塌方，有车辆被山洪冲走，她和几个同事立即赶去塌方现场，此时黄文秀的名字已出现在失联人员名单中。

大雨倾盆的雨夜，连夜赶回工作的黄文秀，一路上不断地与党支部和村委会干部联系，了解居民受灾情况，特别叮嘱要关注几个重点村屯，要立即组织群众防灾救灾。回忆起当晚的情况，村党支部书记周昌战几度哽咽："那么危险的情况下，她想着的是村里的灾情……"

大学毕业之初，面临就业选择时，她毫不犹豫地选择回到家乡奉献，每当有人问起原因时，她总是说："很多人从农村走了出去就不想再回去了，但总是要有人回来的，我就是要回来的人。"

至于更深层次的原因，在她与村民的对话中找到了答案。黄仕京问："大家都说你是北京毕业的研究生，你为什么到我们这么边远的农村工作？"黄文秀说："百色是脱贫的主战场，我有什么理由不来呢？我们党是切实为群众谋发展谋幸福的党，我是一名共产党员，这就是我的使命。"

她自己家庭贫困，在国家政策的支持下，顺利完成学业。黄文秀就用自己的方式回馈着党和国家。上大学后她积极向党组织靠拢，并以自己品学兼优的表现，成为一名共产党员。她父亲说："你入了党，就要为党工作，回到家乡做一个干干净净的人民公仆。"

二、视角广场

视角二：坚定信念，忠于信仰

自己父亲身患重病，虽然满心牵挂，但作为驻村第一书记的黄文秀很少有时间能够陪在父亲身边。父亲深知女儿对自己的挂念，虽然手术后吞咽食物会痛，但他还是努力多吃食物。大学期间通过自己勤工俭学，黄文秀带父亲参观了北京天安门，帮父亲圆梦。蒋金霖说："文秀回到家乡参与扶贫是为了知恩反哺，她懂感恩，她对初心的坚守令人敬佩。"

"文秀的生命正值芳华却戛然而止，令人无比伤痛。她坚守初心使命，用生命践行了一个共产党员对信仰的无比忠诚，无愧于'时代楷模'的称号。"黄文秀的好友、曾经在百色凌云县上蒙村担任过第一书记的路艳说，"她是我们青年的榜样，将激励我们为党和人民的事业勇于担当作为。"

黄文秀信念坚定，始终把党和人民放在心中，牢记自己的初心使命，坚定自己的理想信念，是新时代大学生学习的榜样。

视角三：用奋斗谱写时代的青春之歌

习近平总书记说："现在，青春是用来奋斗的；将来，青春是用来回忆的。"① 北师大硕士毕业后，黄文秀选择扎根家乡、回馈家乡，用自己的知识和才华奉献于脱贫攻坚事业。用奋斗抒写青春最亮丽的底色，用行动谱写了时代的青春之歌。

"扎根基层、一心为民"是黄文秀的价值追求。黄文秀脚踏实地地开展工作，走村入户整理工作日记，了解民情，解决人民困难，把精力和

---

① 习近平谈治国理政（第1卷）[M]. 北京：外文出版社，2018：54.

时间都放在百姓脱贫工作上。她日记中写道："只有扎根泥土，才能懂得人民。"

黄文秀的父亲患肝癌，两次做手术，她深为挂念，却长时间不能回家。她牺牲的当晚，也是心系受灾群众，忍痛离别刚做完手术的父亲，连夜冒雨赶回来救灾。黄文秀的忠诚担当、无私无畏的高尚情操，令人动容。青春是用来奋斗的，黄文秀用短暂的生命诠释了共产党员的"初心"与"使命"，谱写了新时代的青春之歌。

三、案例讨论

1. 青春要怎样度过？
2. 新时代大学生要怎样向她学习？

四、案例点评

人生，总要面对很多选择，而每次选择，都会获得不同的人生。作为"天之骄子"的当代大学生黄文秀同学选择走向基层，选择在生活磨炼中收获成熟，到底是什么力量使她义无反顾，是什么力量推动她勇往直前？

正值全面建设小康社会，开创中国特色社会主义事业的新局面，实现中华民族的伟大复兴，是新世纪大学生的崇高理想和追求，也是当代大学生光荣而艰巨的历史使命。黄文秀同学主动放弃城市里的种种优厚条件，选择农村作为自己施展才华的舞台，这既是她对使命的认同与承担，更是对理想价值的充分肯定，而这种肯定来自个人理想、社会需要与使命感三者的结合，是她对自身的历史位置和相应的历史责任的充分体认。

五、教学建议

1. 本案例适用于高等教育出版社 2021 年版《思想道德与法治》绪论"担当复兴大任　成就时代新人",第一章"领悟人生真谛　把握人生方向",第二章"追求远大理想　坚定崇高信念",第五章"遵守职业道德　锤炼道德品格"的辅助教学。也适用于高等教育出版社 2021 年版《马克思主义基本原理概论》第七章"共产主义崇高理想及其最终实现"的辅助教学。

2. 建议学生观看电影《秀美人生》。

案例二　"黄土高原的银铃":贠恩凤

一、教学案例

贠恩凤是著名的人民艺术家,一生坚守用艺术为人民服务。人民群众需要的地方就是她演出的舞台,只要人民愿意听,她就走到哪儿唱到哪儿。"党和人民群众厚待了我,我要用歌声为人民服务,永远为人民歌唱,永远歌唱人民。"这是她作为艺术家对人民至诚的回馈。

为人民而唱

贠恩凤坚持扎根一线,为普通百姓送上烙有时代记忆的经典红歌。在八一敬老院里,面向延安抗战老兵倾情演绎:"大刀向鬼子们的头上砍去!全国的弟兄们,抗战的一天来到了……"抗战老兵们纷纷起身,激动得伴随着歌声鼓掌、合唱。一位老兵操着浓重的陕北口音哽咽着："你一定要再来，一定要再来……"

战争年代，他们为了和平浴血奋战，置生死于度外。贠恩凤暗下决心为他们做点什么。参加完陕西文艺名家走进梁家河文艺志愿服务活动后，又连日奔波赶到延安，76岁的她赶了5小时的车，只为不负观众。在纪念抗日战争暨世界反法西斯战争胜利70周年大型交响合唱音乐会《和平之声》上，她应邀演出，精湛的演唱技术、姣好的表演方式获得联合国合唱团和现场观众们的高度评价。

贠恩凤负责纪念抗战70周年红色歌曲与诗词组成的《抗战组歌》大型演出，本着"一定要为残疾人做点事，不只是指导演出，更要参与演出，要自己唱"的信念，她不顾劳累，担任整场演出的整体策划和艺术顾问，指导着聋哑演员用有力的肢体语言展现那段刻骨铭心的岁月。除了专场义务演出外，她也经常"走街串巷"，出现在各个公园、社区等地，完全没有明星架子，亲民、为民、服务于民。

"从我成为一名文艺工作者那天起，'为人民服务'这五个字，我受用了一辈子。"

以歌声传递正能量

满载荣誉，却满怀谦卑。每当谈起她的艺术成就时，贠恩凤总是谦虚地说："在党和人民的关怀、指导下，我树立了全心全意为人民服务的人生观、价值观。习近平总书记在文艺座谈会上的讲话，更坚定了我为人民歌唱的信念。作为一个文艺工作者，我感到最大的幸福莫过于自己的演唱得到人民群众的喜爱。是党和人民给了我艺术生涯和荣誉，给了我唱不尽的艺术青春，所以，把自己的歌声无私地、不讲条件地奉献给党和人民，是我终生的心愿和追求。"

在实践的磨炼和沉淀下，贠恩凤形成了自己的演唱风格：清脆优美、结实饱满、吐字清晰、声情并茂、质朴感人。他演唱的《信天游唱给毛主席听》《翻身道情》《延安儿女心向毛主席》《有吃有穿》《十唱共产党》《绣金匾》《山丹丹开花红艳艳》《南泥湾》等，奋发向上，充满鼓舞力量，深受群众喜爱。

她一直把为人民歌唱作为自己的信念，用歌声传递好党的声音，也深知艺术对于人民精神的影响力量，用声音歌颂党、歌颂祖国、歌颂人民，激励人民前进。从当年唱着《团结起来把账算》的灵动少女，到如今依然精神矍铄的古稀老人，她始终坚持用声音真挚而热情地讴歌党、讴歌祖国和讴歌人民。自觉弘扬红色主旋律，传播和弘扬优秀民族文化。"无论在哪儿，每一个有良知的文艺工作者，都应该掏心掏肺地为人民服务。"

乐于奉献　不计报酬

面对误入歧途的青少年，贠恩凤以一个文艺工作者的高度责任感，主动提出教唱积极向上的歌曲，以达到引导教育的目的。在与孩子们的教唱互动中逐渐建立感情，潜移默化给予他们心灵启迪。一次演出结束后，一个小女孩塞给她的字条上写道：听着您的歌声，就仿佛看到了您美好的心灵，当我们看到您满怀信心为我们歌唱时，就好像有一股悔恨的泪水往上涌。放心吧，您今天的到来，虽然只有几支歌，和一些朴实的话语，却温暖了我——一个失足者的心。

除了慰问演出，她还担任女子监狱的教育顾问，每年的除夕或者正月初一，她都会去监狱同服刑人员一同过节，希望通过自己的影响，能让她们早日回归社会，回馈社会。

贠恩凤两次主动申请到西康铁路秦岭隧道工地慰问演出获批后，她一路颠簸，站在隧道口为工人们演唱，极大地鼓舞了工人们的工作士气。贠恩凤回忆当天的情景时说道："当我看到他们在秦岭深处艰苦劳动的场面时，我感到震惊和难受。在他们面前，我显得那么平凡，甚至渺小。在艰苦的工作环境中，他们不知吃了多少苦，却没有抱怨，而是坚持工作，坚持为祖国贡献自己的力量。无论在哪儿，我们每一个有良知的文艺工作者，都应该掏心掏肺地为人民服务。"

负恩凤从不计较演出场地的华丽与否，不在乎演出费的有无和多少，经常性地不收演出费，对于主办方硬塞的，也会悉数退回去，演出期间不讲排场，通常和其他普通员工一道随便吃点填饱肚子即可。有时候遇到热情的观众，来不及吃饭，连续演出也是常事。她说："有党和人民的培养，才有了我的今天，我今天所做的一切，完全是为了回报社会和人民，我心甘情愿一辈子做一个为人民唱歌的义务工。"

二、视角广场

视角一：以民为本　服务于民

负恩凤始终把人民放在最重要的位置，把自己当作为人民歌唱的义务工，把为人民歌唱作为自己的信念，以歌颂党、歌颂祖国、歌颂人民为己任，唱出了人民艺术家的精气神。

她始终坚持"群众路线"，牢固树立以人民为中心思想，时时以人民为中心。心系群众，情牵人民。作为大学生，应坚定树立"为人民服务"的思想，立志将自己的前途命运与国家、人民的需要相结合。面对学习、生活中的困难，我们要撸起袖子干、挥洒汗水拼，以"抓铁有痕"的狠劲、以"钉钉子"的韧劲、以"甩开膀子"的干劲，以拳拳赤子之心，不驰于空想、不骛于虚声，宵衣旰食、锲而不舍，满腔热情地为民办事、为人生抒写奋斗的色彩。

视角二：淡泊名利　信念坚定

负恩凤理想信念坚定，把祖国和人民放在心中，以实际行动回馈国家培养和人民的爱戴。她经常在表演现场，应群众的热情邀请加唱歌曲，从不计较得失。只要是志愿服务类的演出，都尽百分之百的努力，确保把自己最好的状态展现出来，高标准、严要求地保证个人或者整场演出的效果。负恩凤演出不计名利，不计报酬。演出时不讲排场，无论舞台大小，都认真对待，厂矿、农村、学校、部队到处都留下了她的足迹和歌声。不显摆身份，不追名逐利，把为人民唱歌、以歌声传播正能量作为自己的职责和使命，充分展示了"德艺双馨"的老一辈艺术家的优良品质。

三、案例讨论

1. 如何看待负恩凤下基层慰问演出，并将演出费用捐出的举动？
2. 为什么负恩凤演唱脍炙人口的爱国歌曲？
3. 大学生以你的专业出发"为人民服务"可以怎么做？

四、案例点评

天生一副好嗓子的负恩凤，演唱的各类经典曲目温暖人心，得益于她始终牢记周总理当年对她的嘱托："我们俩的名字里都有个恩字，这就是要为人民服务，希望你为人民好好唱歌。"习仲勋同志曾鼓励负恩凤说："艺术，只有奉献给人民，服务于人民，才具有强大的生命力。以往，人民喜爱你的歌声，今后，希望你永远忠诚于艺术，忠诚于人民，忠诚于黄土地。"她一生践行为人民而唱，用唱歌鼓舞人民干事创业的士气，笃定地履行着"为人民服务"的庄严承诺。

爱国主义体现了人们对自己祖国的深厚感情，也深刻揭示了人民对自己国家的归属感、认同感、尊严感与荣誉感，几者的和谐统一，就是饱满的爱国主义。新时代大学生应自觉培养爱国主义精神，热爱祖国的大好河山、爱自己的骨肉同胞。"家是最小国，国是千万家"，"没有国哪有家，没有家哪有我"，在这些耳熟能详的旋律中，深刻揭示了个人与国家的关系。从自己做起，从小事做起。热爱学习、热爱生活，把向上向善作为自己的精神追求，争做新时代"四有"青年。

五、教学建议

1. 本案例适用于高等教育出版社 2021 年版《思想道德与法治》第三章"继承优良传统　弘扬中国精神"、第五章"遵守道德规范　锤炼道德品格"的辅助教学。

2. 教师进一步收集视频和图片，把上述事件做成 PPT，图文并茂，更具有感染力。视频网址：

①黄土高原金银玲　时代楷模贠恩凤《祖国　我想对你说》第 10 期

https：//www.iqiyi.com/v_19rv8mi24g.html#curid=9200723500_ccbfb0d4d4d1b230cf4fc199d02f353d

②贠恩凤：一生只做一件事

https：//v.qq.com/x/page/e0833jcnkur.html

案例三 大爱仁心抚慰民族伤痛：万少华

一、案例概述

"烂脚病"的来历

衢州市位于浙江省钱塘江上游，是有名的历史文化名城。原本青山绿水、环境宜人的城市，70多年前因为日寇铁蹄的践踏，给这里的人民留下了无尽的创伤。20世纪40年代，日本开展惨绝人寰的细菌战，用飞机在衢州上空投下带有鼠疫菌的物品，自此当地居民中就出现了一批"烂脚病人"。

在衢州市罗汉井5号院，坐落着首批国家级抗战纪念设施遗址——侵华日军细菌战衢州展览馆。展览馆中陈列了众多实施细菌战的事实，对于违反国际公法的反人道行为，日本一直讳莫如深。

上海交通大学东京审判研究中心特约研究员王选说，2011年，日本友好人士奈须重雄发现并公布了日军731部队研究人员金子顺一在1944年向东京大学申请博士学位的论文集，其中一篇是《PX的效果略算法》。P为鼠疫，X为传播鼠疫的主要媒介印度克蚤，文中说，1940年10月4日，日军在当时的衢县上空投放了8千克"PX"，共导致9279人死亡。

战时的衢州兴建了军用机场，这在当时是离日本本土最近且未沦陷的军用机场。1942年4月18日，美国首次轰炸东京的"杜立特航空队"就计划在衢州降落。日军遂视此地为眼中钉、肉中刺，立即于同年5月发起了旨在夺取衢州机场等要地的浙赣战役。

当年 9 月 25 日，细菌战恶魔、731 部队头目石井四郎来到沦陷后的衢州，要求"以返回居民为目标，造成无人地带"。从此，衢州成为侵华日军细菌战的重灾区，鼠疫、伤寒、霍乱、炭疽、疟疾……瘟疫流行。截至 1948 年底，衢州地区受细菌感染累计发病达 30 余万人，死亡 5 万余人，成为中国遭受日军细菌战灾害最严重的地区之一。

当地村民魏洪福仍记得当时日军入侵，他和父亲拔腿就跑的忐忑："鬼子凶得很啊，拉夫挑担的时候，老头子挑不动就用刺刀戳，老百姓逃就开枪打，女人见了更要遭殃。"逃过了日军的追堵，却不曾想病痛相随的一生才是开始。腿上长出了水泡奇痒无比，用手挠后流出脓水，然后大面积腐烂，伴随着阵阵腐臭。"当时没钱看病，我爸懂点草药就采些给我敷。还有一个一起种田的长工，脚都烂得掉下来了，活活烂死。"

跨越时空的交战

万少华是衢州市柯城区人民医院泌尿外科的医生，在工作之余，他组建团队到乡村开展义务劳动，为遭受病痛折磨的村民们进行治疗。历史留下的伤痛，万少华团队勇于应战，一场跨越时空的交战就此拉开序幕。

2003 年一位衢州老人无法忍受病痛的折磨，选择自杀结束生命，万少华听说后深受触动。他说："感到很震惊，他们对治疗、对生活、对生存都丧失了信心，甚至是绝望以后，他们才会选择这么一个方式来结束自己的生命，所以我觉得我们应该为他们做点什么。"

刚开始接触病患时，人们出于自尊心和治疗效果的考量，所有人都拒绝接受治疗，在他们心里这个病是没办法治的，救助工作开展得异常艰难。"这些老人与其他病人最大的不同是精神创伤大。亲戚邻居怀疑他们是传染病，又嫌脏嫌臭，不敢与之来往，而他们自己也就躲起来。我们刚开始护理的时候，许多老人已经丧失了治愈的信心，抗拒心理很强。"

"生活环境比乞丐还要凄惨，我同事毛晓伟看到他伤口的痂皮下好像有什么东西在动，以为是个出血点，掀开一看，居然是密密麻麻的蛆。"万少华说，最早接触到病患情况，震惊之余让他们感到自己责任的重大。

万少华团队经过多次走访做工作，2006年成立医疗救助队，2009年全村39名患者全部接受治疗。

克服了病患接受治疗的障碍后，新的难题又出现了。病患治疗好了，没过多久他们又会复发，再次经历流脓、腐烂的过程。病情反复，也给治疗团队重重一击，正当万少华准备放弃时，他接到了一位老人的电话。电话中，老人对他表示深深的感谢，是他们的坚持，大大缓解了病患的痛苦。听着老人质朴的语言，感觉虽然没有完全彻底根除病根，但给他们带去了生的希望，医疗救助队的存在就是病患们内心的强大支柱。

在村民眼中，万少华和他的同事的到来，老人才真正开始享福。老魏的儿子魏根财说："过去我爸病得严重，苍蝇都跟着飞来飞去，家里全靠我妈一个人，我从小就被别的小孩嘲笑，说我爸是'烂脚'。"

老伴郑樟花回忆："我生老大的时候，他就发着'烂脚病'，躺在床上不能起来。那个时候，我经常是背着孩子干活，背柴火、磨玉米、洗衣服……全靠万医生他们，现在老头子能慢慢走了。"

村民吴洪祥说，过去看到"烂脚"，大家饭都吃不下，小孩也不敢去魏家玩，老魏的伤口慢慢好起来了，现在小孩也肯来玩了，老魏还给他们煮茶叶蛋吃。

为了解决历史遗留问题，真正为治疗"烂脚病"寻找到良方，万少华经常忙完一天的工作后，又赶往研讨会现场，请教治疗经验。"我们的团队希望能得到专家老师们更多的指点，他们已经答应下一步到衢州来指导我们更好地治疗那些老人。"

截至目前，治疗的39名病患中，有20人已经去世，万少华努力与时间赛跑。"尽可能地帮老人们疗伤,提高他们的生活质量,让他们活得更有尊严,这是我们护理团队的初衷。"

二、视角广场

不忘初心使命　践行职责使命

祖国的强大,使得新时代的我们成长在和平而美好的环境中,但我们不能忘记历史,更不能忘记历史带给我们的伤痛和教训。70年前,日军的铁蹄踏入我国疆土,其间731部队在衢州开展了惨无人道的细菌战,使得这里的百姓饱受细菌感染之苦。细菌感染后,患处发脓发溃,反复发作,严重的患处直接可见活的蛆蠕动,场景让人触目惊心。万少华及他的团队面对的就是这样一个特殊的病患群体,当地的老百姓带路,都只停留在距离患者住处200米以外的地方,这是日军侵华战争中开展细菌战留下的历史伤痕。

万少华接到这个任务开始,一干就是七八年。从患者最初的不信任,不相信他们能够治好跟了自己大半辈子的怪病,到最后接纳他们、相信他们,甚至把他们当作亲人期待他们的到来。这个过程中,万少华团队有遇到专业医疗技术上的瓶颈,也有常规工作忙碌和这一特殊援助不能缺席之间的挣扎忙碌。万少华在报告中如是写道:在我的眼中,39位老人,就是矗立在我们面前的39座纪念碑,碑记着我们民族的伤痛,民族的灾难,我们为他们所做的一切就是用我们青春的热血擦亮历史的碑记。八年来,柯城区的39位"烂脚病"老人中,有不少已经相继离世,目前,只剩下19位了。所以,我们常常会有一种紧迫感,就像是和时间在赛跑。每一次看到老人开心的笑容,我们在无限欣慰的同时,也有无限的感慨:每一次下乡看望老人,每一次和这些老人握手告别,也许这就是最后一次。我们多么想,在这些老人剩下不多的岁月里,多为他们治

180

疗一次，多给他们送去一份温暖，能够帮他们把"烂脚病"治好，让他们的晚年重现一片灿烂的晚霞！

他们以信念为力量，用爱坚守，为暮年却一直饱受病痛折磨的老人带去微笑和希望。

三、案例讨论

1. 如何正确看待中国近现代史？

2. 万少华及其团队坚持为"烂脚病"治疗，体现了他们什么样的精神品质？

四、案例点评

本案例是医生不忘初心使命、践行职业担当的典型事例，历史留下的创伤，因为不了解，让患者羞于诉说、避而不见人，甚至放弃可以治好的希望。万少华团队的到来，给他们带来暮年欢乐和希望。由于患者年事已高，尽管每一次告别有可能是最后一次，万少华及他的团队都与时间赛跑，尽可能多地救治患者，让他们多享受一点快乐的时光。授课教师将案例引入课堂，具有较强的教育引导作用。可从坚定理想信念、不忘初心使命、恪尽职守等方面进行深入剖析。

五、教学建议

1. 本案例适用于高等教育出版社2021年版《思想道德与法治》第二章"追求远大理想　坚定崇高信念"、第五章"遵守道德规范　锤炼道德品格"的辅助教学。

2. 教师进一步收集视频和图片，把上述事件做成PPT，图文并茂，更具有感染力。视频网址：

《时代楷模发布厅》发布"时代楷模"李保国和万少华的先进事迹
http：//biaozhang.12371.cn/2016/05/27/VIDE1464309601495380.shtml

案例四　一心为民的暖警：杨雪峰

一、案例概述

车水马龙的公路上，时常可见指挥交通、保障道路顺畅的交通警察，无论严寒酷暑、无论风吹雨打，他们始终坚守岗位，保一方平安。

年轻生命的陨落

杨雪峰是众多交通警察中的一员，2018年的大年初三是合家团聚的时刻，杨雪峰坚守工作岗位在渝北区石船镇巡逻，保障百姓出行安全。其间，犯罪嫌疑人张某驾驶超载摩托车从石船镇十字路口经过时，被杨雪峰拦下并予以处罚。看似平常的违章处罚，让有盗窃案入狱经历的张某心生报复心理。他一路气冲冲地嚷着要买刀，杀了拦下他的警察（杨雪峰）。他想买刀的意愿没有得逞，便骑着摩托车折回家中找出一把刀，直奔杨雪峰的工作所在地，悄悄尾随在工作中的杨雪峰后面，趁杨雪峰不注意张某拔出尖刀朝着杨雪峰挥去，刀刀致命。身受重伤的杨雪峰，始终紧握着歹徒的尖刀，与他进行着殊死搏斗。直到同事赶来支援，他握刀的手才松开。由于歹徒刀刀致命和腹部受到多次创伤，最后因抢救无效英勇牺牲。

扎根一线　奉献青春热血

杨雪峰从重庆警察学校毕业，选择扎根家乡书写奋斗的青春。工作期间，几次调整工作，但始终坚守一线。

唐兴奎是其工作辖区的居民，着急外出的他被杨雪峰撞了一个满怀，经过询问，发现唐兴奎的车超过7年没有年检。当时唐兴奎心想交警拦下来，就是为了罚款，便不耐烦地说，想罚钱就随便罚，自己着急赶时间不想多说。杨雪峰仍然耐心讲解：现在人多车多，未按时进行车检，一旦发生事故，后果不堪设想。最终杨雪峰给唐兴奎的交通违法行为开出警告处分并留下了电话，看着警察没有罚钱，唐兴奎窃喜，开着车一溜烟儿地走了。

三天后，唐兴奎接到一个陌生电话，询问自己的车是否已经年检，才发现是前几天拦下自己的杨雪峰。想起自己当时态度不好，杨雪峰还能不忘记提醒自己年检。第二天，唐兴奎立即去做了年检，给自己和他人的人生安全上了一道防护锁。在事后他进一步了解了车未参加年检的危害，每一条都让他直冒冷汗，有了这次经历，他自愿报名担任普法志愿者，决心把杨警官平时给他们讲的交通常识传递给更多的人。

还有一次杨雪峰在一所小学前执勤时，学生搭乘面包车的场景立马引起了杨雪峰的注意。透过驾驶室，他发现车辆左摇右晃，里面满是脑袋。走近查看才发现，7座的面包车里面挤了20多名小学生。并且，驾驶员还属于非法驾驶。他便当即对面包车和驾驶员做了处理。留下车里的小孩子们远离车辆等待，眼看天色渐晚，杨雪峰一边安慰小朋友们不用担心，一边联系客运公司安排客车，并承诺钱不用愁，他自己可以垫付。最后杨雪峰用警车开道，引导客车把所有孩子平安送回家。学生家长说，这是有温度的执法，确保了二十几个家庭的完整，避免了悲剧的发生。

坚定信念　坚守职责

杨雪峰父亲是一名军人，成为父亲一样的人是他从小的梦想。警校毕业后，面临留校任教和下基层当警察两种选择。他妈妈在回忆时说，因为担心风吹日晒的，想让他留校任教，当时劝他都劝哭了，但杨雪峰最终选择了当基层警察。

休假和妻子、孩子外出旅游时，不忘工作。杨雪峰把他去过城市的交警工作状态记录下来，做得好的自己到岗后会继续发扬，做得不好的地方提醒自己以后在工作中注意避免。他时刻不忘职业身份，时刻不忘提升职业技能，始终坚守警察信念，坚守警察职责。

工作中，杨雪峰坚持原则，不徇私枉法。他舅舅开车与别人发生剐蹭，因为未带驾驶证，现场的交警对其进行了罚款200元的处理。满心委屈的舅舅，当即想到了当交警的杨雪峰可能会帮到自己，于是拨通了他的电话，无论说什么，杨雪峰只是回应"该怎么办就怎么办"。内心有些不愉快的舅舅没过多久就接到了杨雪峰的电话，他说罚款已经交了，希望舅舅能够理解他。舅舅这才放下了心中的心结，并为杨雪峰能守住职业底线感到高兴。

二、视角广场

视角一：恪尽职守　立足岗位显担当

杨雪峰生前立足岗位，恪尽职守，充分彰显了一名人民警察的担当与责任。工作以来，他一直扎根一线，与人民群众打交道，为人民群众的生命安全保驾护航。他在百货大楼前救了一名小男孩，这名小男孩长大后也成了一名人民警察，传递着杨雪峰"为民服务"的精神。高效率解决小学门口斑马线设置不合理的问题，当机立断拦下违规搭载小学生的面包车，帮助患病小孩的家长紧急将孩子送往医院治疗，始终保持职业操守，不为任何人走后门……年轻的生命抒写着有意义的人生，把职责和使命刻进了心里。

视角二：人民警察　不忘初心使命

"人民警察为人民"，是作为警察对人民的忠诚誓言，而杨雪峰就是用担当行使使命的典型。它曾两次用身板挡住不法人员的暴力抵抗，受过伤、掉过牙，而这一次他依旧用自己的身体挡住暴徒伤害更多百姓的可能，坚守警察初心，行使职责使命。工作中甚至铁面无私到拒绝舅舅的求情，依规处罚，再默默地为舅舅交上罚款。这也体现了他作为人民警察，守住职业底线的职业操守。"后门"在他那里永远行不通，这就是他针插不进水泼不进的过硬工作作风。

三、案例讨论

1. 什么是人民警察？
2. 如何处理好工作与人情世故的关系？

四、案例点评

该案例是警察遵守职业道德、恪尽职守，忠于党和人民的先进典型事例。立足基层显担当，人民警察为人民的优秀代表。危险面前，不畏牺牲，勇于和歹徒做搏斗。杨雪峰不忘警察初心使命，行使正义，直面搏击歹徒，也能动之以情、晓之以理劝导违法驾驶行为，以他的生命之光、正义之度感染和影响着他身边的家人、战友以及广大群众。他的事迹和人生态度值得我们每一个人学习，并将这种精神落到行动上去。教师在教学中引入该案例，可从坚定理想信念、服务人民、恪尽职守等方面讲解和剖析。

五、教学建议

1. 本案例适用于高等教育出版社 2021 年版《思想道德与法治》第一章"领悟人生真谛　把握人生方向"，第二章"追求远大理想　坚定崇高信念"，第五章"遵守道德规范　锤炼道德品格"，第六章"学习法治思想　提升法治素养"的辅助教学。还可用于高等教育出版社 2018 年版《毛泽东思想和中国特色社会主义思想体系》第十一章"'四个全面'战略布局"的辅助教学。

2. 教师进一步收集视频和图片，把上述事件做成 PPT，图文并茂，更具有感染力。视频及网址：

《时代楷模发布厅》：杨雪峰

http：//www.wenming.cn/sdkm/yxf/yxjl/201901/t20190104_4961914.shtml

参考文献

[1] 白凤国. 挺起共产党人的精神脊梁：与党员干部谈理想信念[M]. 北京：红旗出版社，2019.

[2] 习近平谈治国理政（第2卷）[M]. 北京：外文出版社，2017.

[3] 民生周刊杂志编辑部. 学习习总书记重要论述：办好人民满意的教育[DB/OL]. 人民网，2018年9月4日 http://politics.people.com.cn/n1/2018/0904/c1001-30271201.html? form=rect.

[4] 思想道德与法治[M]. 北京：高等教育出版社，2021.

[5] 马克思主义基本原理概论[M]. 北京：高等教育出版社，2021.

[6] 中共中央宣传部. 习近平新时代中国特色社会主义思想学习纲要[M]. 北京：学习出版社、人民出版社，2019.

[7] 浙江在线健康网. 万少华：用大爱抚慰民族的伤痛[DB/OL]. 2016年6月22日. http://health.zjol.com.cn/system/2016/06/22/021199167.shtml.

[8] 中共中央党史和文献研究院、中央"不忘初心、牢记使命"主题教育领导小组办公室. 习近平关于"不忘初心、牢记使命"论述摘编[M]. 北京：中央文献出版社、党建读物出版社，2019年版.

[9] 湖北日报. 深藏功名 坚守初心：95岁老英雄张富清的本色人生[M]. 北京：人民日报出版社，2019年版.

［10］中国文明网. 时代楷模：http：//www.wenming.cn/sdkm/.

［11］中共中央宣传部. 习近平新时代中国特色社会主义思想学习纲要［M］. 北京：学习出版社、人民出版社，2019年版.

［12］教育部课题组. 深入学习习近平关于教育的重要论述［M］. 北京：人民出版社，2019年版.